1

Peter Goodgame

Les Mondialistes
& les Islamistes :

Provoquer le
« Choc des Civilisations »
pour un Nouvel Ordre Mondial

OMNIA VERITAS

The Islamists & the Globalists
Fomenting the "Clash of Civilizations"
for a New World Order

Traduit de l'anglais et publié par
Omnia Veritas Ltd

⊘MNIA VERITAS

www.omnia-veritas.com

© Omnia Veritas Ltd –
Peter Goodgame - 2015

Table des matières

Les Britanniques,
le Moyen-Orient et l'Islam Radical

I.   Introduction

Alors que le gouvernement américain, dirigé par l'administration Bush mène sa soi-disant « guerre contre le terrorisme » avec des plans pour envahir et renverser l'Irak, l'allié indéfectible de l'Amérique dans cette entreprise continue d'être le gouvernement britannique de Tony Blair. L'étude suivante survole l'histoire de cette région du monde où l'Amérique s'est empêtrée et qui dans une certaine mesure est encore presque entièrement contrôlée par la Grande-Bretagne. Cette actuelle « guerre contre le terrorisme » est-elle véritablement une guerre pour apporter la liberté à la région et promouvoir les idéaux traditionnels américains, ou bien n'est-elle qu'une démonstration de pouvoir pour consolider l'hégémonie mondiale américaine ? Et qu'est-ce que la Grande-Bretagne a à y gagner ?

La Grande-Bretagne parait être notre plus proche allié, mais nous devons comprendre que les stratèges géopolitiques britanniques sont les maîtres de la manipulation politique et de la subversion. Même lorsque l'empire colonial britannique était en pleine phase de déclin dans la première moitié du siècle dernier, ils étaient déjà en train de construire le cadre d'un empire mondial entièrement basé sur l'héritage de Cecil Rhodes ; utilisant les ressources des super-capitalistes financiers de New York et de Londres. Ces élites ont beau être principalement de nationalités britanniques et américaines, elles n'en rejettent pas moins la démocratie et la Constitution américaine en travaillant contre les meilleurs intérêts des citoyens américains, britanniques et du reste du monde. En étudiant l'histoire du Moyen-Orient et la manipulation de ce dernier par les élites, nous pouvons peut-être prédire ce qui se produira après cette poussée finale de l'Empire Américain. (Écrit à l'automne 2002)

II. La Grande-Bretagne s'empare du Moyen-Orient

Comme indiqué dans le livre de F. William Engdahl *Pétrole, une guerre d'un siècle : l'ordre mondial anglo-américain*, l'intérêt de la Grande-Bretagne pour le Moyen-Orient s'est ravivé lorsque ses dirigeants ont réalisé que le pétrole allait remplacer le charbon comme source d'énergie du futur. Au tournant du siècle dernier, la Grande-Bretagne ne bénéficiait pas d'un accès direct aux hydrocarbures et dépendait de l'Amérique, de la Russie ou du Mexique pour son importation. Ceci fut rapidement considéré comme une situation inacceptable et à travers des intrigues impliquant l'espion britannique Sidney Reilly et l'ingénieur géologue australien William Knox d'Arcy, la Grande-Bretagne parvint à obtenir du monarque persan Reza Khan des droits de forage. D'Arcy versa l'équivalent de $20,000 pour les droits d'exploiter le pétrole Perse jusqu'en 1961, en contrepartie d'une redevance de 16% du produit des ventes versée au Chah. La société britannique avec laquelle Reilly avait persuadé d'Arcy de s'associer est devenue l'Anglo-Persian Oil Company, le précurseur de la puissante British Petroleum (BP).

Cependant, même avec un approvisionnement en pétrole Perse, la Grande-Bretagne était sur le point de perdre la course aux réserves de pétrole du Moyen-Orient face aux Allemands. Dans les années précédant la Première Guerre mondiale, l'Allemagne avait connu une explosion économique étonnante et cela avait été favorisé par son alliance avec l'Empire Ottoman qui lui accordait l'accès à ses vastes réserves. En 1889, les

Allemands conclurent un accord pour financer par la Deutsche Bank, un chemin de fer depuis Constantinople jusqu'en Anatolie ; et plus tard en 1899, un accord final pour la construction d'un chemin de fer de Berlin à Bagdad fut signé.

Les Britanniques firent en sorte que cette liaison ferroviaire ne puisse être établie en utilisant leur allié Serbe se tenant au milieu de l'alliance allemande qui comprenait l'Autriche-Hongrie, la Bulgarie et l'Empire Ottoman. La Première Guerre mondiale passe communément pour avoir été déclenchée par l'assassinat de l'archiduc autrichien Ferdinand par des serbes. La Serbie a joué un rôle-clef dans la Première Guerre mondiale, mais le conflit ne fut pas simplement le produit de cet événement isolé. La vérité est que la Première Guerre mondiale a été fomentée par les Britanniques afin qu'ils puissent contrôler le pétrole, très justement considéré par leurs stratèges géopolitiques comme la ressource émergente la plus importante au monde.[1]

En 1916, au plus fort de la Première Guerre mondiale, les Britanniques élaborèrent un accord avec la France, l'Italie et la Russie connu comme l'Accord Sykes-Picot. Ce dernier redessina l'Empire Ottoman, transformant en colonies occidentales les nations qui le composaient. Cet accord secret a créé les frontières arbitraires de ce que sont aujourd'hui les pays de la Jordanie, la Syrie, le Liban, l'Irak et le Koweït. La Grande-Bretagne conservait le contrôle du golfe Persique riche en pétrole

---

[1] *Pétrole, une guerre d'un siècle : l'ordre mondial anglo-américain*, F. William Engdahl, 1993.

à travers l'Irak et le Koweït et recevrait également la Palestine et la Jordanie. La France récupéra la Syrie et le Liban, l'Italie se vit promettre l'Anatolie et quelques îles de la Méditerranée, quant à la Russie, elle obtint des morceaux de l'Arménie et du Kurdistan.

Pendant la guerre, la Grande-Bretagne détourna plus de 1,4 million de soldats du front occidental pour combattre les Ottomans en orient. Alors que les Français souffrirent des pertes de 1,5 millions de morts et 2,6 millions de blessés dans les tranchées, les Britanniques remportaient victoires sur victoires au Moyen-Orient. Après la guerre, la Grande-Bretagne continua à maintenir plus d'un million de soldats dans la région, et en 1918, le général britannique Allenby se trouva de facto le dictateur militaire de presque tout le Moyen-Orient arabe.[2]

Alors que T.E. Lawrence dirigeait la révolte arabe contre les Ottomans pour le compte des Britanniques, il avait assuré à ses alliés arabes que l'Angleterre honorerait leurs désirs d'indépendance, mais après la guerre, ces promesses furent ignorées. La fameuse Déclaration Balfour fut émise en pleine guerre. Il s'agissait d'une lettre entre Lord Balfour et Lord Rothschild qui promettait l'approbation britannique officielle pour l'établissement d'un État juif en Palestine. Le fait est que les Arabes ont été trompés, trahis et utilisés par les britannique afin que ces derniers prennent le contrôle de la région qui contenait les plus grandes réserves de pétrole connues au monde.

---

[2] Ibid.

Dans leur lutte contre l'Empire Ottoman, les Britanniques s'arrogèrent le soutien de deux importants dirigeants arabes. Le premier était Hussein Ier de la dynastie hachémite, une dynastie issue en droite ligne du prophète Mahomet. Il était le chef de la zone du Hedjaz qui comprenait la Mecque et Médine et les Britanniques n'hésitèrent pas à brandir son statut « sacrée » pour s'assurer du soutien populaire. Le second dirigeant arabe de premier plan que les Britanniques firent rentrer dans leur rang, était Ibn Saoud, le leader de la secte wahhabite tribale de l'Arabie centrale. Ibn Saoud utilisa son financement britannique pour renforcer sa position de figure religieuse et acheter le soutien des Bédouins.

Après la défaite des Ottomans, lorsque les accords Sykes-Picot et Balfour furent révélés, Hussein réalisa la trahison à laquelle il avait participé et il abdiqua. Ses trois fils Ali, Fayçal et Abdallah tentèrent ensuite leur chance pour exercer une domination arabe sur la région.

Le prince Ali reprit le Hedjaz, mais le perdit à nouveau en 1925 dans son affrontement avec les forces d'Ibn Saoud soutenues par les Britanniques. Les Saoudiens règnent sur l'Arabie depuis lors. La plus grande erreur commise par la Grande-Bretagne fut de négliger les déserts d'Arabie, permettant à la Standard Oil de Californie d'acquérir le droit de chercher du pétrole en Arabie Saoudite pour $250,000 en 1933.[3] Depuis ce temps-là, la famille royale saoudienne entretien une

[3] *A Brutal Friendship - The West and the Arab Elite*, Said K. Aburish, 1997, p. 76.

relation très spéciale avec les États-Unis.

Le Prince Fayçal, qui avait travaillé au côté de T.E. Lawrence et repris Damas aux Ottomans, formula la demande de gouverner la Syrie française en 1920, mais les Français mirent fin à son règne après seulement quatre mois. Fayçal se retira alors en Grande-Bretagne et un an plus tard il fut recyclé lorsqu'il reçut à gouverner, lui un prince sunnite, le territoire majoritairement chiite de l'Irak en tant que roi. Fayçal Ier régna jusqu'à sa mort en 1933. Son fils Ghazi dirigea l'Irak jusqu'à sa mort en 1939, suivit par son fils Fayçal II, le dernier roi de l'Irak, qui finira assassiné par un coup d'État militaire en 1958.

La dynastie hachémite se perpétue à ce jour à travers les trois fils d'Hussein. Le prince Abdallah se vit accorder le territoire de la Transjordanie en 1921 et en tant que roi, il maintint une forte position pro-britannique, en dépit de la trahison manifeste à l'égard de son père. Abdallah comprit qu'il n'aurait pas d'avenir s'il se mettait à contredire ses maîtres, aussi les Britanniques s'en servirent pour contrôler la fureur de sa propre population, lorsque le désir britannique d'établir un État juif en Israël fut à l'ordre du jour.

Le roi Abdallah fut tué dans la Mosquée Al Aqsa en 1951 et son petit-fils de seize ans, Hussein, monta sur le trône. Le roi Hussein régna jusqu'à sa mort en 1999 et son fils, le roi Abdallah dirige désormais le Royaume hachémite de Jordanie.

Le point principal qui doit être compris au travers de cet aperçu historique, tout comme ce qui ressort de l'intégralité de cette étude, est la manière cynique dont la religion de l'Islam a été utilisée par l'Empire Britannique pour accomplir ses propres objectifs politiques. Dans le livre de l'historien arabe Saïd Aburich, *A Brutal Friendship - The West and the Arab Elite,* l'auteur identifie trois phases distinctes de la relation de l'Islam avec l'Occident au 20ème siècle.[4]

La première phase, selon Aburich, fut celle qui fit immédiatement suite à la Première Guerre mondiale, où les dirigeants arabes avaient été trompés et trahis, mais ils étaient encore dépendants du soutien Britanniques pour perpétuer leur domination sur les masses arabes.

Ibn Saoud était le chef de la secte wahhabite et les Britanniques validèrent son rôle influent de figure religieuse et financèrent sa conquête de toute l'Arabie.

Les Hachémites constituaient le pouvoir traditionnel arabe le plus puissant, mais leur pouvoir s'effondra lorsqu'ils furent chassés de la Mecque et de Médine par Ibn Saoud. Par « pitié », les Britanniques placèrent ensuite Abdallah et Fayçal sur les trônes respectifs de Jordanie et d'Irak. Ces princes Hachémites étaient pour le moins des étrangers, mais les Britanniques jouèrent à fond la carte de la religion et justifiaient leurs actions aux yeux des peuples arabes à travers la lignée hachémite qui remontent à Mohammed. Certes, tout Arabe serait heureux d'être gouverné par un clan « sacré » comme les Hachémites!

Les Britannique se sont également servis de l'Islam en

---

[4] Ibid p. 57.

Palestine, lorsqu'en 1921, ils manigancèrent l'élection du candidat de leur choix, Haj Amin Husseini, un descendant de Mahomet, au poste de Grand Mufti de Jérusalem. En Palestine, presque toutes les familles des élites arabes comprirent rapidement qu'il était profitable d'être pro-britannique, et le Grand Mufti maintint cette position au moins jusqu'en 1936, lorsque la mise en place imminente d'un Israël juif le força à se tourner enfin vers les aspirations de son peuple.[5]

En ce qui concerne la première phase de la relation de l'Islam avec l'Occident, Aburich écrit : « *Tous les dirigeants politiques de l'époque dépendaient de l'Islam pour maintenir leur légitimité et ces mêmes dirigeants étaient tous pro-britannique. L'Islam était un outil pour légitimer le règne, la tyrannie et la corruption des dirigeants arabes. Pour l'Occident, l'Islam était acceptable tant qu'il pouvait être utilisé et il le fut.* »[6]

Cette phase de la domination élitiste du peuple arabe, en utilisant l'islam comme facteur de légitimation, ne pouvait pas continuer indéfiniment. La force qui se leva pour le contrer fut le nationalisme arabe laïc qui a finalement tourné autour de la personne de Gamal Abdel Nasser d'Égypte. Ce mouvement a cherché à libérer le Moyen-Orient de la domination occidentale et il portait en même temps un regard cynique sur l'Islam qui avait été utilisé avec succès pour soutenir et justifier le règne despotique de l'étranger sur les peuples arabes. Nous allons identifier la deuxième phase des relations islamo-occidentales qui débuta avec la montée du nationalisme arabe, mais d'abord nous devons jeter un

---

[5] Ibid p. 57 et 59.
[6] Ibid p. 57.

bref coup d'œil historique à l'Égypte.

III.   La Grande-Bretagne et l'Égypte

Au début de la Première Guerre mondiale, l'Égypte était sous le contrôle de la Grande-Bretagne depuis plus de trente ans. Alors que les Britanniques avaient utilisé l'Islam pour renverser les Ottomans et soutenir leurs États alliés en dehors de l'Égypte, en Égypte ils constatèrent que l'Islam n'était pas un actif si malléable, du moins pas tant que la Grande-Bretagne en resterait le colonisateur.

L'influence occidentale sur l'Égypte avait débuté en 1798, lorsque Napoléon l'avait envahi pour contrôler les routes commerciales de la Grande-Bretagne vers l'Inde. Ce fut la première conquête majeure et décisive d'une nation arabo-musulmane dans l'histoire de l'Islam et elle a marqué le début d'un lent déclin de la fierté et de l'influence musulmane. Le règne de Napoléon n'a cependant pas duré longtemps, parce que les britanniques s'allièrent temporairement avec les Ottomans pour chasser les Français après seulement quelques années.

De ce chaos, émergea un commandant albanais de l'armée ottomane du nom de Mohammed Ali, qui aida à déloger les Britanniques, devenant par la suite gouverneur de l'Égypte sous autorité ottomane. Ali neutralisa la menace mamelouke, puis tourna son attention vers la modernisation de l'Égypte. Après la mort d'Ali, ses successeurs Abbas, puis Saïd Pacha gouvernèrent l'Égypte. Saïd Pacha commença le canal de Suez, que son successeur le Khédive Ismail termina en 1869. Le canal fut principalement financé par des investisseurs français, mais à cette époque la France

était fermement contrôlée par la Grande-Bretagne. Après cet épisode, l'influence britannique en Égypte devint lentement de plus en plus forte, et fut d'abord non pas militaire, mais *économique*. L'idéologie britannique du « libre-échange » fut adoptée et la production industrielle égyptienne se mit à en pâtir. L'Égypte se trouva bientôt profondément endettée.

En 1879, Ismail fut chassé du pouvoir et finalement remplacé par son fils Toufik Pacha, qui abandonna et céda efficacement le contrôle complet de l'économie égyptienne aux Britanniques. En 1882, les troupes britanniques débarquèrent et complétèrent la prise de contrôle de l'Égypte. Ils devaient occuper l'Égypte jusqu'en 1956 lorsqu'ils furent enfin expulsés par le président Nasser.

Au début de la Première Guerre mondiale, le Khédive Abbas discerna une opportunité de se débarrasser des Anglais et il encouragea le soutien populaire à l'égard des Ottomans. Les Britanniques le destituèrent rapidement et placèrent son oncle Hussein Kamil au pouvoir. Après la fin de la guerre, les forces nationalistes au sein de l'Égypte menèrent une campagne continue contre les occupants britanniques pour l'indépendance, menant même un lobbying intense pour la reconnaissance internationale de l'indépendance à Paris, mais leurs désirs furent anéantis lorsque les États-Unis se rangèrent au côté de la Grande-Bretagne.

En 1922, les Britanniques abrogèrent le « protectorat » sur l'Égypte, mais conservèrent la responsabilité de sa « défense » et de la protection des étrangers en Égypte. L'Égypte fut déclarée « indépendante » et le roi Fouad

Ier, descendant de Mohammed Ali, prit le pouvoir, malgré la poursuite de l'occupation britannique.

Les « Frères Musulmans » ont été fondés en 1928, par Hassan el-Banna, un instituteur égyptien. La Fraternité est une société secrète religieuse connue officiellement pour son insistance à l'égard de l'éducation islamique et pour ses activités de bienfaisance. Avant la Seconde Guerre mondiale, les services de renseignement britanniques cultivèrent des liens avec la Fraternité par l'intermédiaire de l'agent Freya Stark, un aventurier et écrivain britannique.[7] Ces connexions secrètes ont été utilisées pour exercer une surveillance sur la présence allemande croissante en Afrique du Nord et rester informé des différents mouvements politiques émergeant.

Les Frères Musulmans se répandirent à travers tout le monde islamique et évoluèrent en une sorte de fraternité maçonnique à l'occidentale. Cette dernière est devenue l'une des premières organisations fondamentalistes islamiques terroristes et sera souvent mentionnée dans le cadre de cette étude.

Dans les années précédant la Seconde Guerre mondiale, les intrigues égyptiennes tournaient autour de trois camps principaux : l'Angleterre, qui fit tous son possible pour maintenir le contrôle sur sa colonie et le canal de Suez, les royalistes alliés avec le roi Fouad, et après 1935 son fils le roi Farouk, puis le parti Wafd nationaliste soutenu par le peuple à travers le Parlement

---

[7] *MI6 - Inside the Covert World of Her Majesty's Secret Intelligence Service*, Stephen Dorril, 2000 p. 622.

égyptien qui avait été mis en place par les Britanniques.

Lorsque la Seconde Guerre mondiale éclata, le parti Wafd afficha publiquement son soutien aux alliés, parce qu'il était porté à croire que l'indépendance complète suivrait immédiatement la guerre. Le roi Farouk, cependant, était plus réservé dans son soutien pour les alliés et nourrissait en privé des sympathies profondes pour l'Axe, alors que de nombreux membres des Frères Musulmans passaient aussi pour préférer l'Allemagne. Cependant l'Allemagne n'était pas destinée à libérer l'Égypte de la tutelle britannique, car « l'armée d'Afrique du Nord » de l'Axe fut vaincue à la bataille d'El Alamein en Octobre 1942, puis progressivement chassée hors d'Afrique.

Après la guerre, les Frères Musulmans et le Parti populiste Wafd se montrèrent tous deux hostiles à la monarchie répressive du roi Farouk et aux Britanniques qui retardaient leur retrait du territoire égyptien. En 1949, Hassan el-Banna fut assassiné par le gouvernement égyptien, provoquant la colère des fondamentalistes. En 1952, le Parti Wafd remporta une grande victoire aux élections parlementaires, suite à quoi le premier ministre Nahas Pacha abrogea la convention passée en 1936 entre Farouk et les Britanniques permettant le contrôle britannique du canal de Suez. Farouk renvoya rapidement Nahas Pacha et de violentes émeutes antibritanniques s'ensuivirent. Une cabale secrète d'officiers supérieurs de l'armée égyptienne se faisant appeler les Officiers Libres, saisit l'occasion et organisa un coup d'État leur permettant de s'emparer du pays et de détrôner le roi Farouk.

Les Officiers Libres étaient dirigés par le général Muhammad Naguib et comprenaient dans leur rang, Gamal Abdel Nasser et Anouar al-Sadate. Dans la foulée Naguib fut écarté et Nasser émergea comme la figure dirigeante en 1954. Il bannit sans délai le Parti Wafd ainsi que les Frères Musulmans et commença à régner d'une main de fer.

Les initiatives de Nasser furent rapides et audacieuses, visant à moderniser et à industrialiser l'Égypte tout autant qu'affirmer l'indépendance de sa nation. Il sollicita les États-Unis et la Banque mondiale pour l'aider à financer la construction du barrage d'Assouan, mais toute aide lui fut refusée, ce qui l'obligea à se tourner vers les Soviétiques. Il cherchait également à améliorer son armée et se vit offrir des armements occidentaux, mais à condition qu'il engage son pays aux côtés des alliances militaires régionales sous contrôle britannique. Nasser refusa, et signa un contrat d'armement avec la Tchécoslovaquie en 1955.

Le 26 Juillet 1956, Nasser expulsa les Britanniques de la zone du canal de Suez, le plaçant sous un total contrôle égyptien pour la première fois depuis 1882. Trois mois plus tard, la guerre de Suez débuta. Israël prit le contrôle de Gaza en cinq jours et les troupes britanniques et françaises s'emparèrent de la zone du canal. L'Organisation des Nations Unies condamna l'action et un cessez-le-feu fut conclu le 6 Novembre. Le canal fut alors rendu à l'Égypte.

Au lendemain de cette guerre, Nasser était devenu un héros pour le peuple arabe et les mouvements nationalistes laïcs se répandirent à travers tous le

Moyen-Orient. L'Égypte fusionna avec la Syrie pour former la République Arabe Unie en 1958, puis le Yémen (Nord) rejoignit l'alliance à son tour. Ce mouvement panarabe reçut le soutien inconditionnel des masses arabes mais commença d'être redouté par leurs dirigeants. Aburich écrit :

« Dans les années 1950 et plus tard, l'Occident s'opposa au mouvement nationaliste arabe laïc pour deux raisons : d'une part il contestait son hégémonie régionale et menaçait le maintien de leur dirigeants-clients au sein des pays du Moyen-Orient. Il n'y avait précisément rien pour empêcher ces mouvements laïcs de coopérer avec l'URSS ; en fait, la plupart d'entre eux étaient même légèrement socialistes. En outre, la plupart des mouvements laïcs préconisaient différents régimes d'union arabe, une représentation et une politique unifiée qui menaçait et sapait les régimes traditionnels pro-occidentaux de l'Arabie Saoudite, de la Jordanie et des autres États clients. L'Occident vit tout cela comme un défi qui devait être relevé. »[8]

Cela nous amène à la deuxième phase des relations islamo-occidentales telles que définis par Aburich. Il s'agit d'une période au cours de laquelle l'Occident utilisa l'intégrisme islamique comme un outil servant à déstabiliser ou à renverser les régimes qui refusaient d'être dominés par l'Occident.

---

[8] *A Brutal Friendship - The West and the Arab Elite*, Said K. Aburish, 1997 p. 60.

IV.   Le renversement de la première démocratie iranienne

Dès le début, la Central Intelligence Agency des États-Unis a établi une relation très étroite avec les services de renseignement britanniques et ceci est prouvé par les détails du coup d'État conduit par Mossadegh en Iran en 1953, qui marqua les débuts de la deuxième phase.

Le Dr Mohammad Mossadegh avait été tout au long de sa vie un dirigeant du mouvement nationaliste iranien opposé à l'impérialisme britannique. Né au sein de la classe dirigeante de l'Iran, il avait été élu au parlement iranien en 1906, mais avait finalement refusé le poste parce que légalement trop jeune (n'étant pas encore âgé de 30 ans). Il avait étudié en France et en Suisse et avait obtenu son doctorat en droit en 1913. Il était retourné en Iran pour enseigner à l'université, avant d'occuper les postes successifs de ministre-adjoint des Finances et de ministre de la Justice avant le coup d'État de 1921 soutenu par les Britanniques qui porta le Chah Reza Khan au pouvoir.

Au cours des années suivantes, Mossadegh servi le peuple iranien de diverses manières, avant d'être finalement contraint de quitter la fonction publique vers la fin du règne de Reza Khan, en raison de sa critique de la corruption du régime. En 1941, le gouvernement changea à nouveau et Reza Khan fut contraint de fuir en Afrique du Sud, où il vécut jusqu'à sa mort. Mossadegh fut alors en mesure de retourner à Téhéran, où il demeura actif au sein du Parlement, notamment par ses affrontements avec le fils de Reza Khan,

Mohammad Reza Chah.

Après avoir fait face à une grande ingérence et même à la fraude, Mossadegh fut élu Premier ministre de l'Iran par le Parlement en 1951. Le 1er mai, une de ses premières initiatives fut de nationaliser le pétrole iranien, prenant le relais de la Anglo-Persian Oil Company appartenant aux Britanniques. L'Angleterre avait acquis en 1901 auprès de Reza Khan, par l'intermédiaire de William Knox d'Arcy, le contrôle du pétrole iranien pour une durée de 60 ans. Ils achetèrent à nouveau au Chah un autre bail de 60 ans en 1933. Après avoir repris le contrôle du pétrole iranien, Mossadegh fut contraint de recourir à l'ONU et au tribunal de La Haye pour contrer une action en justice britannique faisant valoir que les contrats conclus avec les gouvernements antérieurs n'étaient pas valables. Mossadegh y parvint et la communauté internationale déclara que l'Iran avait parfaitement le droit d'exercer le contrôle de son propre pétrole.

La nationalisation de Mossadegh ne rassura pas les intérêts britanniques. Son gouvernement promit de payer 25% des bénéfices des ventes du pétrole à la Grande-Bretagne à titre de compensation et pour garantir la sécurité des emplois britanniques. Néanmoins, l'Angleterre refusa de négocier et répondit par une démonstration de force navale, suivie d'un blocus économique, de campagne de boycotts et le gel des avoirs iraniens.[9]

---

[9] *Killing Hope - U.S. Military and CIA Interventions Since World War II*, William Blum, 1995 p. 65.

Les années précédentes, le sentiment antibritannique généralisé avait entraîné une forte diminution de la capacité des renseignements anglais en Iran. Aussi, afin de gérer efficacement Mossadegh, les Britanniques se tournèrent-ils vers leurs collègues de la CIA. L'auteur Stephen Dorril documente cette affaire dans son livre *MI6: Inside the Covert World of Her Majesty's Secret Intelligence Service*, il écrit :

« Malgré la propagande britannique, le gouvernement Mossadegh était largement démocratique, modéré, et était pourvu de réelles chances de parvenir à établir une emprise de la classe moyenne sur l'État iranien. Il était d'ailleurs officiellement considéré par l'administration Truman comme de facture populaire, nationaliste et anti-communiste. »[10]

Pour changer la position américaine sur Mossadegh, les stratèges britanniques misèrent sur la paranoïa de l'Amérique à l'égard des communistes et tentèrent de dépeindre le régime de Mossadegh comme faible et accessible à une potentielle manipulation soviétique. À l'extrémité de l'administration Truman, le dirigeant du Département Moyen-Orient de la CIA, Kermit Roosevelt, rencontra John Sinclair et d'autres représentants du MI-6 qui *« lui proposèrent de renverser conjointement Mossadegh »*.[11] Après qu'Eisenhower ait remporté la présidence en Janvier 1953, la CIA fut libre d'agir, et l'implication américaine fut confirmée lorsque les Britanniques promirent aux sociétés pétrolières américaines une participation de 40% du pétrole iranien

---

[10] *MI6 - Inside the Covert World of Her Majesty's Secret Intelligence Service*, Stephen Dorril, 2000 p. 575.
[11] Ibid p. 580.

en échange du renversement de Mossadegh et de la restitution des réserves de pétrole dans le giron britannique.[12]

Les Britanniques et les Américains se portèrent finalement sur le fils pratiquement impuissant de Reza Khan, Mohammad Reza Chah, pour être le nouveau souverain de l'Iran. Au début, le jeune Chah refusa les offres qui lui furent faites par les conspirateurs, même après la visite du colonel américain H. Norman Schwarzkopf, le 1er Août 1953, et une réunion ultérieure avec Kermit Roosevelt. Dorril écrit que : « Le Chah a finalement accepté de soutenir le plan, uniquement « après que les participations britanniques et américaines furent confirmées par une émission de radio spéciale. » La BBC Perse fut utilisée pour transmettre un message codé préalablement établi sur les ondes à l'attention du Chah, afin d'achever de lever les derniers doutes.[13]

Pour préparer le coup d'État, les Américains financèrent l'Ayatollah Bihbani et les Britanniques accordèrent $100,000 à un groupe dirigé par l'Ayatollah Qanatabadi pour attiser les troubles contre Mossadegh. L'Ayatollah Kashani reçut $10,000 de la CIA et ses disciples jouèrent un rôle dans les manifestations au centre de Téhéran. Un autre groupe d'agitateurs intégristes était dirigé par Tayyeb Hsaj-Reza'i, un personnage qui devait devenir plus tard un partisan de l'Ayatollah Khomeiny.[14]

---

[12] Ibid p. 583.
[13] Ibid p. 589.
[14] Ibid pp. 592-593.

À la mi-Août 1953, le gouvernement Mossadegh fut assailli par une multitude de complots et de démonstrations financés par la CIA et les britannique. Le 15 Août, le ministre des Affaires étrangères de Mossadegh fut enlevé afin d'intimider le gouvernement. Le 16 Août, le Chah publia une déclaration désavouant Mossadegh en tant que Premier ministre et en même temps, du matériel de propagande fut distribué indiquant faussement que les mollahs religieux devaient être pendus par les membres du parti communiste Toudeh.[15] Le 17 et le 18 Août, des foules composées de fanatiques religieux et de partisans du Chah convergèrent vers Téhéran pour créer le chaos et la terreur. Le 19 Août, en collusion avec le chef de la police, les foules purent atteindre la résidence du Premier ministre et après une bataille féroce, Mossadegh fut chassé du pouvoir. Plusieurs jours plus tard, le Chah rentra d'Italie et débuta alors son régime dictatorial de 25 ans. L'histoire de la chute du Chah 25 années plus tard, aux mains des mêmes fanatiques fondamentalistes qui l'avaient aidé à acquérir son trône en premier lieu, implique également les Britanniques comme nous le démontrerons plus loin. L'islam radical est en effet un outil utile pour les Britanniques, et leur manipulation de ce dernier ne faisait que commencer.

---

[15] Ibid p. 592.

V.   La guerre britannique contre Nasser

D ans leurs rapports avec Nasser, les Britanniques eurent recours à tous les moyens nécessaires, y compris l'espionnage, la diplomatie, la corruption et même la puissance militaire directe pour conserver le contrôle de l'Égypte et du canal de Suez. La CIA nouvellement créée s'intéressa aussi à l'Égypte, lorsque Nasser montra des signes de basculement vers l'Union soviétique. Aburich explique comment cette nouvelle intrigue se déroula :

« Selon l'agent de la CIA Miles Copeland, les Américains débutèrent la recherche d'un Billy Graham musulman aux alentours de 1955... Lorsque cette recherche ou la création d'un Billy Graham musulman s'avéra improbable, la CIA commença à coopérer avec les Frères Musulmans, la gigantesque organisation musulmane fondée en Égypte mais comptant des adeptes à travers tout le Moyen-Orient arabe... Cela marqua le début d'une alliance entre les régimes traditionnels et les mouvements islamiques de masse contre Nasser et les autres puissances laïques. »[16]

La CIA suivait l'exemple des renseignements britanniques et cherchait à utiliser l'Islam pour atteindre ses objectifs. Elle voulait trouver un chef religieux charismatique qu'elle pourrait promouvoir et contrôler ; c'est ainsi qu'elle commença à coopérer avec des groupes comme les Frères Musulmans. Avec l'ascension de Nasser, la fraternité était aussi sérieusement courtisée

---

[16] *A Brutal Friendship - The West and the Arab Elite*, Said K. Aburish, 1997 p. 60-61.

par les régimes arabes pro-occidentaux de l'Arabie Saoudite et de la Jordanie. Ils avaient besoin de tout le soutien populaire qu'ils pouvaient rassembler contre la montée du nationalisme arabe inspiré par Nasser, afin d'assurer la pérennité de leurs régimes.

Les Frères Musulmans constituaient un allié évident contre Nasser, parce qu'il les avaient dissous en Égypte après qu'ils furent impliqués dans une tentative d'assassinat à son égard en 1954. La Fraternité rejetait la politique de Nasser qui, pour une large part, maintenait la religion en dehors de la politique. Officiellement, la Fraternité était une organisation illégale, mais elle restait influente et active au sein de l'Égypte, travaillant contre le régime laïc, souvent main dans la main avec les services secrets britanniques. En Juin 1955, le MI6 se rapprochait déjà de la Fraternité en Syrie pour organiser des soulèvements contre le nouveau gouvernement qui faisait montre de fortes tendances de gauche et d'un désir de fusionner avec l'Égypte.[17] La Fraternité devint un atout encore plus important après que Nasser ait annoncé la prise de contrôle égyptienne de Suez. L'auteur Stephen Dorril documente comment cette manœuvre fut reçut par la Grande-Bretagne :

« Le 26 Juillet à Alexandrie, dans un discours calme, mais qui fut décrit par Londres comme hystérique, Nasser annonça la nationalisation, ce qui d'un point de vue strictement juridique n'était rien de plus « qu'une décision de racheter les parts des actionnaires. » cette nuit-là à Downing Street, Eden [le Premier ministre britannique] ne cacha pas son amertume à ses invités face

---

à cette décision... Eden convoqua un conseil de guerre, qui se poursuivit jusqu'à 4 heures du matin. En proie à l'émotion, le Premier Ministre déclara à ses collègues que Nasser ne pouvait pas être autorisé selon les termes d'Eden, 'à avoir la main sur notre trachée artère'. Le 'Mussolini musulman' devait être 'détruit'. Eden ajouta : 'Je veux qu'il soit remplacé et je me fous qu'il y ait l'anarchie et le chaos en Égypte.' »[18]

L'ancien Premier ministre Churchill avait alimenté la colère d'Eden en le conseillant au sujet des Égyptiens, lui disant : « *Dites-leur que si nous entendons encore parler d'eux, nous allons les livrer aux Juifs et les replonger dans le caniveau d'où ils n'auraient jamais dû sortir.* »[19]

Sir Anthony Nutting, un membre du Foreign Office à l'époque, se souvient d'un appel téléphonique d'Eden furieux de la lenteur de la campagne contre Nasser. Eden enrageait : « *Qu'est-ce donc que toutes ces sornettes que vous m'avez envoyé? ... C'est quoi tout ce non-sens sur l'isolation de Nasser ou sa « neutralisation », comme vous dites ? Je le veux détruit, comprenez-vous ? Je le veux assassiné... »*[20]

Pour préparer la voie au coup d'État tant souhaité, le Département de la Recherche d'Information britannique (IRD) fut appelé à la rescousse. Ils intensifièrent leurs efforts pour contrôler les émissions de radio en Égypte et ils firent circuler de fausses rumeurs sur la BBC, au Service de Presse de Londres et au sein de l'Agence des Nouvelles Arabes. Des faux

---

[18] Ibid p. 623.
[19] *Descent to Suez - Foreign Office Diaries 1951-1956*, Sir Evelyn Shuckburgh, 1986.
[20] Dorril, p. 613.

documents furent créés suggérant que Nasser avait l'intention de s'emparer de l'ensemble du commerce pétrolier du Moyen-Orient, et un faux rapport alléguant que les dissidents égyptiens étaient envoyés dans un camp de concentration tenu par des ex-nazis, fut diffusé.[21]

Les Britanniques faisaient cependant face à un problème pour décider de celui qui prendrait la relève de l'Égypte après le retrait de Nasser. Le MI-6 organisa des réunions avec les membres de l'ancien parti Wafd et les alliés de l'ancien premier ministre Nahas Pacha. Le général Naguib, ancien dirigeant des Officiers Libres, qui avait été enlevé et placé en résidence surveillée par Nasser, fut considéré comme un président acceptable, et certains milieux britanniques préconisaient même que le prince Abdul Monheim, plus « présentable », soit couronné roi d'Égypte.[22]

Selon Dorril, la recrue la plus importante du complot britannique pour renverser Nasser était l'officier du renseignement égyptien Isameddine Mahmoud Khalil, qui avait été maintenu comme contact en lui fournissant des renseignements sur l'ennemi le plus immédiat de l'Égypte : Israël. Dorril présente les remarques d'un chef du Mossad sur cette situation qui déclara : « *le fait de menacer la sécurité d'Israël en transmettant des informations secrètes sur son compte, ne paraissait pas troubler la conscience des Britanniques.* » Ce fut un moment très compliqué pour les Britanniques, parce qu'ils étaient précisément en train de collaborer avec Israël pour coordonner une

---

[21] Dorril, pp. 624-625.
[22] Dorril, p. 629.

attaque militaire contre l'Égypte qui eut finalement lieu en Octobre.[23]

Évidemment, l'absence d'un candidat déclaré et adéquat pour remplacer Nasser n'arrêta pas les putschistes. Dorril conclut que : « *le MI6 ne croyait pas, cependant, qu'il soit absolument nécessaire de disposer d'une alternative. Le service était confiant sur le fait qu'une fois Nasser renversé, des candidats appropriés émergeraient.* »[24]

À la fin août, Nasser prit des mesures contre la menace croissante représentée par les services secrets britanniques. Les bureaux de l'Agence des Nouvelles Arabes furent perquisitionnés et un certain nombre d'employés furent arrêtés et avouèrent être des agents britanniques. Deux diplomates britanniques furent expulsés, l'un d'eux, J.B. Flux, avaient « *été en contact avec des étudiants d'une 'confrérie religieuse' dans l'idée d'encourager des émeutes fondamentalistes pouvant servir de prétexte à une intervention militaire pour protéger des vies européennes.* » D'autres « hommes d'affaires » et « diplomates » britanniques furent ainsi arrêtés ou expulsés, et en raison de l'offensive efficace de Nasser, Dorril écrit que juste avant la Guerre de Suez, les services britanniques se retrouvèrent « *sans aucun élément actifs dans le pays* », et que « *le MI6 devait recourir à des agents extérieurs pour l'exécution de ses assassinats.* »[25]

Au final, toute cette entreprise de subversion et d'agitation britannique échoua, même après la

---

[23] Dorril, p. 629-630.
[24] Dorril, p. 630.
[25] Dorril, p. 632-633.

confrontation militaire directe qui se déroula au cours de la Guerre de Suez en Octobre 1956. Le soutien populaire égyptien à l'égard de Nasser était trop important et la communauté internationale se rangeait également aux côtés de Nasser, contre les Britanniques, forçant le canal de Suez à être restitué à l'Égypte. Nasser émergea comme le dirigeant d'une Égypte enfin libérée du contrôle britannique.

Depuis lors la Grande-Bretagne n'eut de cesse de mener une guerre secrète contre les gouvernements égyptiens : contre Nasser jusqu'à sa mort, contre Sadate qui lui succéda, et même par la suite contre Moubarak. Le gouvernement égyptien laïc a toujours été l'un des ennemis les plus implacable du terrorisme islamique, alors que le bailleur de fonds le plus important des groupes terroristes égyptiens a toujours été la Grande-Bretagne. Cette observation va totalement à l'encontre des idées préconçues de la plupart des citoyens britanniques et américains, mais nous allons tout au long des pages suivantes, en apporter la preuve.

VI. L'Islam se retourne contre l'Occident

Comme nous l'avons expliqué, dans son livre *A Brutal Friendship*, Saïd Aburich défini trois étapes des relations islamo-occidentales. La première fut la période pendant laquelle la Grande-Bretagne utilisa l'islam pour légitimer les dictateurs fantoches qu'elle avait installé sur ses colonies arabes après la Première Guerre mondiale. La deuxième phase fut une période au cours de laquelle la Grande-Bretagne (et l'Amérique), utilisèrent l'Islam militant comme une force les aidant à renverser des gouvernements tels que ceux de Mossadegh et de Nasser, qui tentaient de lutter contre la domination occidentale. Aburich écrit :

« La lutte entre Nasser et les Frères Musulmans, ses ramifications ainsi que les partisans occidentaux des régimes arabes traditionnels, a continué jusqu'à la guerre de 1967. Le soutien occidental à l'islam fut affiché ouvertement et accepté sans réserve par les dirigeants des mouvements islamiques. »[26]

Aburich note que l'islam bénéficiait d'une bonne image en Occident jusqu'à cette époque. Le mouvement islamique était principalement apprécié pour ses perspectives anti-communistes et rien ne laissait supposer que l'islam conservateur pourrait un jour se retourner contre l'Occident. Aburich commence alors à décrire la troisième phase :

« La troisième phase dans le développement des mouvements

---

[26] Aburish, p. 61.

islamiques se produisit après la guerre de 1967. La défaite de Nasser était celle de la force qu'il représentait, le sécularisme, et une fois Nasser diminué, les mouvements islamiques se mirent à assumer la direction politique des masses arabes du Moyen-Orient. »[27]

Après 1967, la puissance des mouvements islamiques augmenta considérablement. La théologie islamique s'empara du sécularisme et une forme de nationalisme arabe plus puissant émergea. La guerre de Six Jours vit l'Occident se tenir en retrait, pendant qu'Israël remportait la victoire sur ses voisins arabes en capturant le Sinaï, la Cisjordanie et le plateau du Golan. Il devint alors clair pour la plupart des musulmans, que l'Occident favorisait Israël au détriment des Arabes et les ressentiments envers l'Occident augmentèrent. Cette troisième phase des relations islamo-occidentales débuta lorsque des factions de ce mouvement islamique fondamentaliste, principalement anti-occidental, commencèrent à exercer leur nouvelle influence politique à travers les régions du monde musulman.

Après la mort de Nasser en 1970, il fut remplacé par Anouar al-Sadate. Le nouveau président égyptien tenta d'apaiser la menace de l'Islam militant, en libérant tous les membres emprisonnés des Frères Musulmans, malgré le fait que la Fraternité ait été impliquée au cours des seize années précédentes, dans pas moins de quatre différentes tentatives d'assassinat sur Nasser. Sadate se rapprocha ensuite du roi Fayçal d'Arabie Saoudite et ils devinrent tous deux les bailleurs de fond et les promoteurs de l'Université islamique Al Azhar ainsi que

[27] Aburish, pp. 61-62.

des mouvements islamiques comme Al Dawa et I'tisam. Ces dirigeants réalisèrent qu'il valait mieux paraitre soutenir l'ascension des mouvements islamiques.[28]

Le 6 Octobre 1973, l'Égypte et la Syrie lancèrent une attaque surprise contre l'armée israélienne dans le Sinaï et les hauteurs du Golan. Le 16 Octobre, l'OPEP augmenta le prix du pétrole de 70%, puis les dirigeants arabes de l'OPEP annoncèrent le lendemain qu'ils allaient appliquer un embargo progressif contre l'Europe et les États-Unis jusqu'à ce qu'Israël soit contraint de se retirer sur leurs frontières d'avant 1967.

Le livre d'Engdahl, *Pétrole, une guerre d'un siècle : l'ordre mondial anglo-américain*, raconte comment le conseiller américain à la sécurité nationale, Henry Kissinger, réussi à convaincre l'Allemagne de ne pas déclarer sa neutralité à l'égard de la guerre d'Octobre, tandis que la Grande-Bretagne « fut autorisé à indiquer clairement sa neutralité. » L'Angleterre demeura neutre pendant tout le conflit et fut l'un des rares pays occidentaux à ne pas être placé sous l'embargo pétrolier arabe.[29]

La guerre du Kippour se termina le 26 Octobre, mais les effets furent tels que les régimes arabes en ressortirent renforcés à plusieurs égards. Tout d'abord, ils avaient finalement fait preuve d'efficacité militaire contre Israël et avaient regagné une partie du territoire. Deuxièmement, leurs régimes reçurent un énorme soutien populaire et les voix des militants islamiques furent temporairement apaisées.

---

[28] Aburish, p. 62.
[29] Engdahl p. 151.

Enfin, les nations arabes devinrent soudainement les bénéficiaires d'une énorme augmentation des recettes pétrolières. Le prix du baril était passé de $3,01 au début de 1973, à $11,65 au début de 1974.[30]

Engdahl raconte que la hausse des prix du pétrole était quelque chose qui avait été prévu antérieurement par l'establishment anglo-américain et mentionné à la réunion Bilderberg de mai 1973 à Saltsjoebaden en Suède. Kissinger fut l'homme-clef dans le déclenchement du conflit israélo-arabe qui fournit un prétexte à une hausse des prix du pétrole permettant de financer les projets de forage en mer du Nord de la Grande-Bretagne, considérés jusqu'alors comme un investissement risqué. Cependant, l'effet le plus catastrophique de cette hausse des prix de l'énergie, fut de mettre un terme à l'industrialisation du Tiers-Monde, forçant de nombreux pays à emprunter beaucoup d'argent pendant des années pour se fournir en énergie, ouvrant ainsi la voie à l'endettement à long terme du Tiers Monde envers les banques anglo-américaines.[31] Après la guerre, l'establishment attribua à Kissinger le prix Nobel de la paix et plus tard, il fut fait chevalier honoraire par la reine Elizabeth en 1995, pour son long dévouement envers la Couronne.

Les régimes arabes se trouvèrent soudainement fortement enrichis en raison de la hausse des prix du pétrole, mais la menace des mouvements islamiques demeura. Le roi Fayçal d'Arabie Saoudite feignait de soutenir l'Islam, mais était souvent obligé de sévir

---

[30] Ibid pp. 151-152.
[31] Ibid pp. 150-156.

contre les chefs religieux et les organisations qui semblaient constamment critiquer la cupidité manifeste, le luxe et la corruption de la famille royale. Fayçal fut assassiné en 1975 par son neveu le prince Fayçal ben Moussaid, en représailles à l'exécution de son frère, un musulman dévot qui avait attaqué une station de télévision au motif qu'il s'agissait d'une violation de l'Islam.[32]

En Égypte le régime de Sadate se retrouva sous l'extrême pression des mouvements islamistes, après avoir signé les accords de Camp David avec Israël en 1978. Cela conduisit à l'assassinat de Sadate par des membres du Jihad Islamique, une émanation des Frères Musulmans, le 6 Octobre, 1981.

En Syrie, en 1982, un conflit majeur éclata entre les Frères Musulmans et le gouvernement syrien dans la ville de Hamma, qui fit 20,000 victimes. Dans la foulée, le président Assad de Syrie révéla que les effectifs des Frères Musulmans étaient équipés d'armes de fabrication américaine. Aburich commente la façon dont aucun de ces événements ne semblait modifier la manière dont l'Islam militant était utilisé :

« *Les incidents d'Hamma, les assassinats de Sadate puis Fayçal et des actes moins violents, ne mirent pas fin au soutien des occidentaux et des régimes-clients arabes aux mouvements islamiques ; l'Arabie Saoudite et l'Égypte autorisèrent même les groupes pro-islamiques à utiliser les services de propagande de l'État... Et Israël, toujours enclins à soutenir les mouvements de division, apparut comme un autre partisan de l'islam et commença*

---

[32] Aburish, p. 62.

à financer les Frères Musulmans et le mouvement islamiste palestinien du Hamas. »[33]

Le succès le plus remarquable du mouvement islamique à cette époque, fut bien sûr le renversement du Chah d'Iran et l'installation de l'Ayatollah Khomeiny comme dictateur islamique. Les services secrets britanniques avaient utilisés leurs contacts avec les mollahs et Ayatollahs de l'Iran pour aider à renverser Mossadegh et installer le Chah en 1953, et ces contacts avaient été maintenus et utilisés à nouveau pour renverser le Chah lorsque son régime était tombé en disgrâce.

L'histoire officielle de la révolution islamique d'Iran déclare que la révolte de Khomeiny fut spontanée et populiste et qu'elle renversa une dictature répressive détestée par le peuple, tout ceci étant bien entendu soutenu sans réserve par les États-Unis. Il est vrai que le gouvernement du Chah n'était pas une démocratie et que ses services secrets, formés par la CIA, étaient l'un des organismes de renseignement les plus efficaces au monde. Mais ce qui n'est pas mentionné, c'est qu'avant la campagne massive de promotion pour le compte de l'Ayatollah, le gouvernement du Chah était apprécié de la grande majorité de la population.

Après avoir remplacé Mossadegh, le Chah avait commencé à appliquer un certain nombre de politiques nationalistes qui augmentèrent sa popularité en Iran, mais ne manquèrent pas dans certains cas d'inquiéter l'establishment anglo-américain. D'abord, il signa des accords pétroliers avec l'ENI, la compagnie pétrolière

---

[33] Aburish, p. 62.

italienne. Puis, en 1963, il initia toute une série de réformes populaires connues sous le nom de Révolution Blanche. Le Chah se transforma en un nationaliste dont le chemin parallèle à celui de Nasser n'était plus trop du goût de l'establishment :

I. Il acheta des terres aux classes supérieures, les additionnant aux propres terres de la Couronne, puis les revendit à bas prix aux fermiers, permettant à plus d'un demi-million de personnes de devenir propriétaires ; mettant ainsi fin à l'ancien système féodal.

II. Il donna aux femmes le droit de vote, et mit fin au port du voile, une mesure « occidentale » qui fut mal accueillie par le secteur religieux.

III. Il initia un programme nucléaire de $90 milliard.

IV. Il donna un coup d'arrêt à l'industrie lucrative de l'opium qui avait été créée à l'époque du contrôle de l'Empire Britannique qui durait depuis une centaine d'années.[34]

En 1973, le magazine *The Economist* présenta l'Iran sur sa couverture avec la légende : « *l'Iran, le prochain Japon du Moyen-Orient ?* » L'économie de l'Iran avait augmenté à un taux de 7-8% par an de 1965 à 1973 et était devenue un exemple à suivre pour les pays en voie de développement. Mais pour l'establishment anglo-américain cela ne devait pas perdurer. Ses objectifs, tels que formulés par des décideurs comme Lord Bertrand Russell, étaient axés sur la dépopulation et la désindustrialisation que préconisaient des laquais

---

[34] Conspirators' Hierarchy: The Committee of 300, Dr. John Coleman, 1992, p. 129, http://www.sedona.net/pahlavi/mrp.html et http://www.cbc.ca/news/indepth/iran/iran2.html

comme Kissinger, Zibigniew Brzezinski et Robert McNamara (à la tête de la Banque mondiale), ainsi que par les élites britanniques qui contrôlaient le World Wildlife Fund et d'autres groupes environnementaux. L'Iran devait être neutralisé.[35]

L'attaque contre le gouvernement du Chah provint des Frères Musulmans, des mollahs et Ayatollahs d'Iran, soutenus et manipulés par les services secrets britanniques. Le Dr John Coleman, un ancien agent du renseignement britannique et auteur d'un certain nombre de livres et monographies détaillant le plan de la création d'un gouvernement mondial socialiste, déclare dans son rapport sur la révolution islamique[36] de l'Iran, que les Frères Musulmans ont été créés par *« les grands noms des services secrets anglais au Moyen-Orient, T.E. Lawrence, E. G. Browne, Arnold Toynbee, St. John Philby et Bertrand Russell, »* et que leur mission était de *« maintenir le Moyen-Orient dans un état arriéré de sorte que ses ressource naturelles en pétrole, puissent continuer à être pillées... »*

Le Dr Coleman écrit qu'en 1980, les émissions de Radio Free Iran divisaient les ennemis du Chah en quatre catégories :

1. Les politiciens iraniens achetés par le Shin Bet israélien,
2. Le réseau d'agents de la CIA,
3. Les propriétaires fonciers féodaux,
4. Les francs-maçons et les Frères Musulmans (considérés comme le même ennemi).

---

[35] *What the Malthusians Say.* Les élites veulent empêcher le tiers-monde de se développer et éliminer toutes les bouches inutiles.
[36] What Really Happened In Iran, Dr. John Coleman.

Dans son rapport, le Dr Coleman écrit qu'en Iran, « *à un moment, il y avait même une blague qui circulait au sujet des mollahs, disant qu'ils étaient estampillés « Made in Britain. »* Lorsque le Chah présenta son plan de modernisation en 1963, l'Ayatollah Khomeiny émergea comme le dirigeant principal de l'opposition religieuse. Jusqu'à son exil en 1964, Khomeiny était basé dans la ville religieuse de Qom. Le Dr Coleman raconte que Radio Free Iran rapporta que tout au long de son séjour à Qom, Khomeiny percevait une *« allocation mensuelle de l'Angleterre, et qu'il était en contact permanent avec ses maîtres, les Britanniques. »*

Khomeiny fut expulsé d'Iran et s'installa en Irak. Il y vécu pendant un certain nombre d'années, jusqu'à ce qu'il soit arrêté par le gouvernement irakien et déporté en 1978. Le président français Giscard d'Estaing reçut par la suite des pressions pour offrir refuge à Khomeiny en France afin qu'il puisse y poursuivre ses « études islamiques. » En France, il devint une célébrité et le symbole de la révolution islamique anti-Chah. Coleman écrit : « *Une fois que Khomeiny fut installé à Neauphle-le-Château, il commença à recevoir un flux constant de visiteurs, beaucoup d'entre eux appartenant à la BBC, la CIA et d'autres membres du renseignement britannique. »*

Au même moment, Amnesty International poursuivit son intense campagne contre le gouvernement du Chah, l'accusant de torture et d'autres terribles atteintes aux droits de l'homme. La presse internationale reprit ce thème et le colporta dans le monde entier.

La BBC est ensuite devenu le promoteur principal de l'Ayatollah. Le Dr Coleman écrit : *« Ce fut la BBC qui* *prépara et distribua aux mollahs en Iran toutes les cassettes des discours de Khomeiny, qui enflammèrent les paysans. Ensuite, la BBC commença à répandre des comptes-rendus de la torture pratiquée par la SAVAK du Chah aux quatre coins du monde... En septembre et octobre 1978, la BBC se mit à retransmettre les divagations enflammées de Khomeiny en Iran directement en farsi. Le **Washington Post** déclara : « la BBC est l'ennemi public numéro un de l'Iran. »*

Le service en persan de la BBC en vint à être surnommé en Iran la « BBC de l'Ayatollah », pour la manière ininterrompue avec laquelle elle diffusait tout ce que Khomeiny voulait dire.[37] Bientôt une grande partie de la population iranienne, pour la plupart des jeunes élèves impressionnables, furent convaincus que le Chah était vraiment maléfique et que le retour au pur Islam *chiite* sous la direction de l'Ayatollah était le seul moyen de sauver leur pays. L'administration Carter, manipulée par le laquais des Britanniques Zbigniew Brzezinski, collabora avec les Anglais pour renverser le Chah et installer Khomeiny.

Le Dr Coleman rapporte que Carter nomma le membre de la Trilatérale George Ball, pour diriger une commission sur la politique américaine dans le Golfe Persique. Ball recommanda que les États-Unis retirent leur soutien au régime du Chah. Le Dr Coleman cite les propres mémoires du Chah pour confirmer la position américaine, une réalité complètement contraire à la ligne officielle voulant que les USA aient soutenu le Chah jusqu'à la fin :

---

[37] BBC Persia brings down two Iranian regimes, and The BBC In Iran.

« Je ne le savais pas à l'époque, peut-être ne voulais-je pas le savoir, mais il est clair pour moi maintenant que les Américains souhaitaient se débarrasser de moi. Que devais-je penser de la nomination soudaine de Ball à la Maison Blanche en tant que conseiller sur l'Iran? Je savais que Ball n'était pas un ami de l'Iran. J'ai compris que Ball travaillait sur un rapport spécial sur l'Iran. Mais personne ne m'a jamais informé quels étaient les domaines que le rapport était censé couvrir, sans parler de ses conclusions. Je les découvris des mois plus tard, alors que j'étais en exil, et mes pires craintes furent alors confirmées. Ball faisait partie des Américains qui voulaient m'abandonner, moi et mon pays. »

Après que le Chah eut abdiqué en 1979 pour fuir le pays, son « allié solide », les États-Unis, refusèrent même de lui accorder l'asile, le forçant à se réfugier avec sa famille en Égypte. Lors de la prise d'otage ultérieure de l'ambassade américaine, lorsque les partisans de l'Ayatollah retinrent en otage des Américains pendant 444 jours, il devint clair aux yeux du monde entier que le mouvement islamique anti-démocratique, anti-Israël était également très anti-occidental. Néanmoins, l'establishment anglo-américain continua à soutenir et à promouvoir l'islam radical.

En 1977, Bhutto du Pakistan, dont nous allons bientôt parler, fut enlevé ; en 1979, le Chah d'Iran fut enlevé ; en 1981 Sadate fut assassiné, et en 1982, les Frères Musulmans se révoltèrent en Syrie. Avant 1977, le Moyen-Orient était sur le point d'atteindre la stabilité et une sorte de parité industrielle et économique avec l'Occident grâce à des politiques nationalistes et les cours élevés du pétrole, mais en ce début des années 80, le Moyen-Orient était en flammes. L'Égypte était sous le choc et Moubarak tentait de consolider une fragile prise de pouvoir. L'Iran et l'Irak, armés tout deux par l'Occident, commencèrent leur longue guerre. Israël et la Syrie envahissaient le Liban qui connaissait une guerre civile, et la Russie envahissait l'Afghanistan dont les rebelles étaient soutenus par le Pakistan. L'objectif de dépopulation et de désindustrialisation préconisé par les géopoliticiens britanniques et adopté par les Américains, démarrait plutôt bien.

VII. L'Afghanistan, le Pakistan, l'ISI et la BCCI

L e 3 Juillet 1979, sur l'insistance de conseillers tels que Zbigniew Brzezinski, le président Carter signa une directive autorisant l'octroi d'une aide secrète aux opposants fondamentalistes du régime communiste au pouvoir en Afghanistan.[38] Cette initiative fut considérée comme une provocation susceptible d'entraîner une intervention soviétique directe et c'est exactement ce qui se produisit, le 24 décembre de cette année. Après avoir été invité par le gouvernement afghan, l'armée russe prit position pour protéger les biens publics contre les attaques des rebelles.

Depuis le début de la guerre en Afghanistan, la CIA en partenariat avec les services de renseignement pakistanais (ISI), finançait les combattants moudjahidin rebelles. Aujourd'hui, il est généralement reconnut que l'islam radical a reçu son plus grand coup de pouce à la suite du *jihad* réussie des moudjahidin contre les forces soviétiques. Lorsque les Soviétiques se retirèrent du territoire afghan au début de 1989, le pays se retrouva avec des dizaines de milliers de mercenaires islamiques au chômage qui tournèrent alors leur attention vers l'Occident.

L'histoire de l'Afghanistan a toujours été étroitement liée avec celle du Pakistan, une région anciennement colonisée par la Grande-Bretagne. L'implication

---

[38] *Entretien avec Zbigniew Brzezinski*, Le Nouvel Observateur.

britannique sur le sous-continent remonte aux premières années du XVIIème siècle, lorsque les marchands de la Compagnie Britannique des Indes Orientales furent autorisés à établir des postes de commerce par l'Empereur Jahangir de l'Empire Moghol Islamique. La domination britannique sur l'Inde est généralement considérée comme ayant débutée en 1757, lorsque les forces de la BEIC dirigées par Robert Clive défirent l'armée Nawab du Bengale à la bataille de Plessey. En 1803, la mainmise britannique sur le sous-continent s'accrue davantage, lorsque les dirigeants de l'Empire Moghol devinrent des salariés de la BEIC. La vallée de l'Indus, le centre du Pakistan moderne, fut placée sous contrôle britannique après le succès de la campagne de 1848-1849 qui vit la conquête de l'Empire Sikh, donnant le Pendjab aux Britannique. Depuis lors, les régions qui sont aujourd'hui l'Inde et le Pakistan ont été continuellement gouvernées par la Grande-Bretagne, jusqu'à ce que l'Empire britannique se retire en créant les deux nations en 1947.

Lorsque la Grande-Bretagne se retira, un certain nombre d'officiers britanniques restèrent sur place pour assister (et contrôler) l'armée pakistanaise émergente. L'un d'entre eux était le major-général Walter Joseph Cawthorn qui, en tant que chef d'état-major adjoint de l'armée pakistanaise organisa l'Inter-Services Intelligence (ISI) pakistanais en 1948. Cawthorn était un agent d'origine australienne des services secrets britanniques (MI-6), qui avait dirigé les opérations au sein des antennes du Moyen-Orient, de l'Inde et de l'Asie du Sud-Est de 1939 à 1945. Il devint Sir Cawthorn en 1958, lorsqu'il fut anobli par la Couronne britannique et fut plus tard nommé en Australie en tant que chef des services secrets.[39] L'ISI du Pakistan, était à l'origine une agence de renseignement militaire créée pour aider à défendre le Pakistan au début des guerres contre l'Inde sur les autres questions frontalières Cachemire et, mais au fil des ans, il a grandi pour devenir la version de la CIA au Pakistan, et il a toujours entretenu des liens étroits avec le renseignement britannique.

La puissance de l'ISI ne fit que croitre durant les vingt premières années jusqu'à l'élection par le peuple pakistanais du premier dirigeant issu du monde civil, le socialiste Zulfikar Ali Bhutto en 1971. Bhutto afficha immédiatement les mêmes caractéristiques nationalistes que Nasser, Mossadegh et le Chah. Aussi, son régime ne tarda-t-il pas à tomber en défaveur auprès du gouvernement britannique et de l'Occident. En 1972, Bhutto retira son pays du Commonwealth des Nations Britanniques et il noua des relations plus étroites avec la Russie, la Chine et les États arabes.

En 1977, l'inévitable coup d'État eut lieu et le président Bhutto fut renversé par le général Zia Ul-Haq, qui avait été nommé chef d'état-major de l'Armée par Bhutto en 1976, sur les recommandations insistantes de Gulam Jilani Khan, le directeur général de longue date de l'ISI. Bhutto commente longuement dans son livre *If I am Assassinated/ Si je suis* assassiné, écrit dans la cellule d'une prison pakistanaise, les luttes constantes et la trahison de l'ISI. Il raconte aussi comment Kissinger l'a menacé

---

[39] *First Supplement to A Who's Who of the British Secret State*, LOBSTER magazine, mai 1990 Pakistan's Inter-Services Intelligence in Afghanistan, SAPRA INDIA, *There to the Bitter End*, Anne Blair.

au sujet de la poursuite du programme nucléaire du Pakistan, en lui disant : « *Nous allons faire de vous un exemple !* » Il le fut bien. Bhutto fut exécuté en 1978 après avoir été soumis à un simulacre de procès, malgré les objections des chefs d'État du monde entier.[40]

Un porte-parole radical des Frères Musulmans déclara plusieurs années plus tard : « *La Fraternité s'est emparée de l'Iran et du Pakistan. Bhutto soutenait l'ingérence de l'Occident dans l'Islam. Bhutto était tout ce que le Pakistan n'est pas. C'est pourquoi nous l'avons tué. Et nous allons utiliser sa mort comme un avertissement pour les autres.* »[41]

La relation de la Grande-Bretagne avec la pègre du Pakistan devint claire lorsqu'on jette un regard rétrospectif sur le scandale de la BCCI. La **Banque de Crédit et de Commerce international** fut la première banque multinationale du Tiers Monde, créée en 1972 par le banquier pakistanais Agha Hassan Abedi. Elle fut initialement financée par le Cheikh Zayed d'Abu Dhabi et d'une organisation originellement dotée de $2,5 million, elle se développa pour atteindre les 23 milliards de dollars lorsqu'elle fut finalement fermée en 1991. Elle avait été créée juste à temps pour profiter du flot d'argent déversé sur le Moyen-Orient grâce à l'industrie pétrolière.

L'une des premières initiatives de la BCCI pour acquérir une influence internationale, fut son rachat en 1976 de

---

[40] Zulfikar *Ali Bhutto biography*, ppp.org ISI and *its Chicanery in Exporting Terrorism*, by Maj Gen Yashwant Deva, The Indian Defence Review.
[41] *What Really Happened In Iran*, Coleman, p.16, 1984 World In Review, 1-800-942-0821.

85% de la Banque de Commerce et Placements (BCP) de Genève, en Suisse. Après que la BCCI ait repris cette banque, elle en confia la gestion à Alfred Hartmann. Hartmann devint ensuite le directeur financier de la BCC Holding et donc l'un des directeurs les plus influents de la BCCI. Hartmann était un membre de l'établissement bancaire britannique grâce à ses relations avec la famille Rothschild, étant lui-même membre du conseil d'administration de N.M. Rothschild and Sons, de Londres, et le président de la Banque Rothschild A.G. de Zurich.[42]

La BCCI fut initialement constituée au Luxembourg, célèbre pour sa législation bancaire laxiste, et bientôt des succursales et des holdings germèrent dans le monde entier : dans les îles Caïmans, aux Antilles néerlandaises, à Hong Kong, à Abu Dhabi, à Washington D.C. et à peu près partout ailleurs. Cependant, en 1980, lorsque la BCCI finit par demander et obtenir une licence de la Banque d'Angleterre, il y avait déjà plus d'agences au Royaume-Uni que dans tout autre pays. En fait, l'un des principaux conseillers en économie de la BCCI était l'ancien Premier ministre britannique (1976-1979), Lord James Callaghan.[43] La BCCI avait beau avoir été créée par un Pakistanais, à la fin ce n'était rien d'autre qu'une banque basée en Angleterre et contrôlée par l'Angleterre.

---

[42] *The Real Story of the BCCI*, Bill Engdahl and Jeff Steinberg, EIR, 10-13-95.
[43] *The Outlaw Bank: A Wild Ride Into the Secret Heart of BCCI*, Beaty and Gwynne, p. xv.

Au fil des années, la BCCI s'est impliquée dans presque tous les types de transactions illicites dans lesquelles une banque peut se compromettre, y compris le blanchiment d'argent, la drogue, le trafic d'armes, la corruption, la fraude, etc. Elle fut largement utilisée par la CIA tout au long de son existence, joua un rôle dans le scandale Iran-Contra, et fut employée par le Cartel de la cocaïne colombienne de Medellin ; une filiale fut même mise en place au Panama pour gérer l'argent que Manuel Noriega détournait de son pays. Après sa fermeture, le journal *The Guardian* du Royaume-Uni indiqua que le terroriste Abou Nidal était titulaire de comptes à la BCCI. Jonathan Beaty et S.C. Gwynne, les journalistes qui découvrirent le scandale, écrivirent :

« Selon les sources du The Guardian, le groupe de Nidal avait longtemps utilisé une succursale londonienne de la BCCI pour déplacer l'argent qu'ils utilisaient pour monter des attaques sur des cibles occidentales, et le MI5 - l'équivalent anglais de la CIA - avait connaissance de l'existence de ses comptes. Il semble n'y avoir aucun doute sur le fait que les banquiers de la BCCI savaient exactement à qui ils avaient à faire : un des banquiers de la succursale de Londres a décrit à quel point ils étaient soucieux de fournir le moindre service aux terroristes afin de conserver leurs comptes alimentés de plusieurs milliards de dollars. »[44]

Toutefois, le but principal de la BCCI, et la raison derrière son ascension fulgurante, était sa connexion à l'ISI et les combattants moudjahidines contre l'Union Soviétique d'Afghanistan. Après que Zia ait remplacé Bhutto en tant que président du Pakistan, il nomma son ami Fazle Haq comme gouverneur de la province aux

---

[44] Beaty & Gwynne, p. 118.

frontières nord-ouest du Pakistan en 1978. Il s'agit de la zone qui borde l'Afghanistan à travers laquelle des tonnes de drogues et d'armes furent acheminées sur la passe de Khyber. Fazle Haq était un ami important et le bailleur de fond du fondateur de la BCCI, Abedi. La BCCI fut utilisée pour blanchir les incalculables millions des revenus de l'ISI provenant du trafic de stupéfiants.[45]

Par coïncidence, en 1983, le WWF britannique suggéra que deux parcs nationaux soient créés dans le nord-ouest du Pakistan, et bien que plutôt limitées en matière de faune naturelle, les réserves s'avérèrent excellente pour la culture du pavot et la mise en scène d'incursions moudjahidines en Afghanistan.[46]

L'ancien enquêteur du Sénat, Jack Blum, déclare ceci à propos du lien de la BCCI à la guerre en Afghanistan lors de son témoignage devant le Congrès américain :

« Cette banque était une émanation de la guerre en Afghanistan et des gens très proches des moudjahidines ont expliqué que de nombreux responsables militaires pakistanais profondément impliqués dans l'aide et le soutien au mouvement rebelle afghan, volaient notre argent de l'aide étrangère et utilisaient la BCCI pour dissimuler les sommes qu'ils escamotaient ; afin de commercialiser les armes américaines devant être livrées et pour exploiter et gérer les fonds provenant de la vente d'héroïne, l'ensemble des détournements étant apparemment géré par l'un des

---

[45] Beaty and Gwynn, pp. 48-49.
[46] *"Sadruddin Aga Khan: Mujahideen Coordinator,"* Scott Thomspon and Joseph Brewda, EIR, 10-13-95. Depuis sa création en 1961, le WWF a été utilisé abusivement par les services britanniques, comme l'a relaté le journaliste d'investigation Kevin Dowling.

groupes de moudjahidin. »[47]

Lorsque le général Zia prit la tête du Pakistan tout était fin prêt pour débuter l'opération massive de trafic de drogue, la fraude et l'escroquerie que furent la guerre en Afghanistan. Selon Beaty et Gwynne, Zia entretenait déjà une « *relation d'étroite collaboration* » avec le fondateur de la BCCI, Agha Hassan Abedi, lorsqu'il prit les rênes du pouvoir.[48] Le gouvernement triangulaire du général Zia était composé de l'ISI (qui avait porté Zia au pouvoir), de la BCCI qui finança le soulèvement moudjahidin afghan pour le compte de la CIA ; l'ensemble étant piloté par le haut sous la supervision des services britanniques. Au cours de la guerre en Afghanistan, jusqu'à 5 milliards de dollars d'aide du contribuable américain furent attribués au titre de l'effort de guerre. Pendant toute la durée du conflit, l'ISI du Pakistan a formé environ 83,000 combattants moudjahidin musulmans.

Le rôle de la Grande-Bretagne dans la promotion de l'expérience afghane fut crucial, bien qu'il soit à présent souvent négligé. Presque immédiatement après l'invasion soviétique de l'Afghanistan, Lord Nicholas Bethell, un agent britannique de carrière, monta la station Radio Free Kaboul pour servir de porte-voix aux moudjahidin.

Bethell avait tout au long de sa carrière, été impliqué dans des opérations russes et moyen-orientale et il était

---

[47] "*The Real Story of the BCCI*," Bill Engdahl and Jeff Steinberg, EIR, 10-13-95 10.

[48] Beaty and Gwynn, p. 146, aussi pp. 251, 262, 279, 286-7, 324, 346.

un proche de l'espion britannique Kim Philby. Parmi les autres membres de Radio Free Kaboul, se trouvaient Winston Churchill III, l'ancien ministre des Affaires étrangères Baron Chalfont, Lord Morrison de Lambeth l'ancien chef du Foreign Office, et Ray Whitney, un responsable des services secrets britanniques. En 1981, lord Bethell accompagna le Premier Ministre Margaret Thatcher dans une tournée des États-Unis afin d'obtenir du soutien pour la résistance, et ensemble ils rencontrèrent plus de 60 membres du Congrès et sénateurs, pour aboutir finalement à la création de la Commission aux États-Unis pour un Afghanistan Libre, qui faisait constamment pression en faveur des moudjahidin.[49]

L'Afghan Aid UK, était une autre création britannique, d'abord mis en place à Peshawar au Pakistan par l'épouse du journaliste britannique John Fullerton. Le commanditaire principal de ce groupe était le vicomte Cranbourne de Grande-Bretagne, qui plus tard a témoigné devant le Groupe de Travail sur l'Afghanistan au Congrès américain, le lobby sollicitant le soutien américain. Son organisation se vit accorder un financement substantiel par le gouvernement britannique et par l'Agence Américaine pour le Développement International (USAID).

La Grande-Bretagne exerça des pressions pour créer une guerre en Afghanistan, mais comme elle voulait que les contribuables américains la finance, elle manipula la situation financière afin qu'elle puisse en tirer profit. La

---

[49] *The Anglo-American Support Apparatus Behind the Afghani Mujahideen*, Adam K. East, EIR, 10-13-95.

BCCI a été fermée par la Banque d'Angleterre en 1991 seulement *après* le retrait de la Russie, et seulement en raison de la campagne d'information courageuse menée par une poignée de chercheurs américains. Beaty et Gwynne écrivent :

« *Bien que la Banque d'Angleterre ait fusillé la BCCI le 5 Juillet 1991, provoquant ainsi une réaction en chaîne mondiale qui a réduit en miette le projet d'Agha Hassan Abedi, elle ne l'a fait qu'avec réticence et seulement après avoir attendu extraordinairement longtemps. Son initiative fut bien plus lâche qu'héroïque ; elle n'est intervenue que lorsqu'elle fut forcée de le faire sous la pression de l'alliance formidable entre la Réserve Fédérale américaine et le procureur du district de Manhattan.* »[50]

Le rapport final du Congrès américain sur les affaires de la BCCI déclare :

« *Par convention, la Banque d'Angleterre avait en effet conclu un pacte avec la BCCI, Abu Dhabi et Price Waterhouse dans lequel elle acceptait de garder secrète les opérations de la BCCI en contrepartie d'une coopération réciproque, essayant en cela d'éviter l'effondrement catastrophique de plusieurs milliards de dollars.*
À partir d'avril 1990, la Banque d'Angleterre était devenue par inadvertance un partenaire de la dissimulation des activités criminelles de la BCCI. »[51]

La BCCI était la banque de prédilection des terroristes du Moyen-Orient, des trafiquant d'armes et de drogue, les cartels de la drogue sud-américains, les parains du crime organisé, et même des services de renseignement

---

[50] Beaty and Gwynne, p. 101.
[51] Beaty and Gwynne, p. 106.

tels que l'ISI, le Mossad, le MI6 et la CIA. En fait, le vice-président de la CIA Robert Gates appelait la BCCI en plaisantant la « banque des escrocs et des criminels ».[52] Pendant au moins une décennie, les autorités britanniques lui ont permis d'opérer d'une manière insensée et après sa chute, d'importants documents ont été classifiés et tenus loin des enquêteurs américains. Lorsque le scandale a éclaté, l'emballement médiatique s'est principalement porté sur les liens américains de la BCCI avec la CIA, mais seulement en raison de la volonté de confidentialité et l'expertise de l'establishment britannique de limiter les dégâts. La vérité ne sera probablement jamais connue.

Alors que la guerre en Afghanistan touchait à sa fin et que le retrait russe était devenu inévitable, la situation devint beaucoup plus complexe. Le soutien américain aux moudjahidin cessa, tandis que la CIA tentait de résister à la mise en place d'un gouvernement afghan fanatique. De nouveaux seigneurs de la guerre émergèrent et d'autres voies consacrées au trafic de drogue furent de plus en plus utilisées, à travers l'Iran et les républiques soviétiques du sud. La diminution de l'approvisionnement américain en argent et en armes, couplée à celle des revenus tirés de la drogue, conduisit au déclin de la BCCI.

Cela nous amène à mettre l'accent sur l'industrie pharmaceutique et l'impact qu'elle a eu dans la formation de l'Afghanistan. Peter Dale Scott, Alfred W. McCoy et Michael C. Ruppert sont trois autorités dans ce domaine. En bref, les expériences et les recherches

---

[52] Beaty and Gwynn, p. 346, and *"The BCCI Affair,"*.

de ces hommes démontrent que les drogues (notamment la cocaïne et héroïne), sont des produits contrôlés, tout comme le pétrole, l'or et les diamants, par des systèmes occidentaux complexes, allant de la production à la distribution en passant par la gestion des flux de trésorerie. Aujourd'hui, l'industrie mondiale de la drogue génère environ 600 milliards de dollars par an, et la grande majorité de cet argent est canalisé (blanchis) dans les banques anglo-américaines et/ou celles de Wall Street. Ces chercheurs affirment que l'une des tâches les plus importantes des services de renseignement occidentaux est de s'assurer que le flux de trésorerie de la drogue dans le système financier anglo-américain se poursuive sans entrave. (Et oui, la BCCI basée à Londres était en tout et pour tout, une banque anglo-américaine.)

Quoi qu'il en soit, il convient de souligner que, lorsque la Grande-Bretagne et la CIA se sont impliquées en Afghanistan, la production d'opium a explosé. D'une récolte estimée de seulement 100 tonnes par an au début des années soixante-dix, la production d'opium est passée à 300 tonnes en 1982, puis à 575 tonnes en 1983. À la fin des années quatre-vingt, aux environs de la fin de la guerre, la production afghane de pavot à opium atteignait environ 1600 tonnes par an.[53]

Le racket de la drogue de la CIA était un tel succès, qu'en 1981 l'Afghanistan fournissait environ 60% de l'héroïne de l'Amérique, alors qu'il y contribuait pour un montant presque négligeable seulement deux ans auparavant. Les champs étaient cultivés en Afghanistan,

---

[53] *Opium History, 1979 To 1994* Alfred McCoy.

le tout synthétisé en héroïne dans des laboratoires des deux côtés de la frontière afghano-pakistanaise, puis acheminé clandestinement aux États-Unis et en Europe. Le gouvernement du général Zia se noyait ainsi dans une mer d'héroïne, et ce malgré les distinctions internationales qu'il recevait pour avoir simultanément réduit la culture du pavot de *son* côté de la frontière. La population pakistaine accro à l'héroïne est passée d'environ 5000 en 1981 à plus de 1,2 millions en 1985.[54]

Il est également intéressant de noter que la guerre menée par les USA sur le régime des Talibans s'est déroulée après la mise en place d'un des programmes d'éradication de pavot les plus réussis jamais vu. En juillet 2000, le mollah Omar a interdit la culture du pavot et en Février 2001 les fonctionnaires des services de contrôle des drogues des Nations Unies ont été en mesure de confirmer que la production de pavot était parvenue à un état de quasi-stagnation dans les zones contrôlées par les Talibans. La perte anticipée des revenus liés au commerce de la drogue a-t-elle constitué une incitation supplémentaire à l'élimination des Talibans par l'Occident ? Cela explique-t-il le peu de résistance dont firent preuve les agriculteurs afghans en retournant à leur culture rentable préférée après la disparition des talibans ?[55]

Lorsque la CIA s'est impliquée en Afghanistan, les combattants étaient presque entièrement dépendants de leurs contacts au sein de l'ISI pakistanaise pour le renseignement, ainsi que pour l'orientation et la

---

[54] *Drug Fallout*, Alfred McCoy.
[55] *The Lies About Taliban Heroin*, Michael C. Ruppert, FTW.

direction de l'effort de guerre. À mesure que la guerre se déroulait, le soutien logistique américain était acheminé, à la demande de l'ISI, à un groupe de sept chefs de guerre moudjahidines afghans indépendants connus sous le nom de *Peshawar Seven/Les Sept de Peshawar*.

Finalement, l'un des sept, un chef de guerre du nom de Gulbuddin Hekmatyar, émergea comme le principal bénéficiaire de l'aide américaine, en dépit de son passé communiste, de sa vision radicale de l'islam et de son anti-américanisme flagrant. Hekmatyar avait été un étudiant en ingénierie à l'Université de Kaboul, puis il avait intégré l'Académie militaire de Kaboul avant d'en être expulsé. Hekmatyar s'était lié avec les Frères Musulmans au début des années 70, et au moment de la guerre en Afghanistan, il avait émergé comme le dirigeant d'un groupe appelé Hezb-i-Islami, ou Parti de l'Islam, même s'il n'avait jamais lui-même reçu une éducation islamique classique. Au fil des ans, ses disciples se sont fait connaitre pour leur strict fanatisme musulman (ils ont acquis une certaine notoriété en jetant de l'acide sur les visages des femmes qui refusaient de porter le voile), et Hekmatyar est devenu le plus grand producteur d'opium en Afghanistan. Il possédait des milliers d'hectares de champs de pavot et, selon McCoy, il contrôlait au moins six laboratoires d'héroïne du côté pakistanais de la passe de Khyber.[56]

En Mars 1990, le Comité Républicain US de recherche

[56] Blum, pp. 338-352 and *Osama Bin Laden - A CIA Creation and its 'Blowback'*, Mike Ruppert cite McCoy à propos des six laboratoires d'Hekmatyar, et *Gulbuddin Hekmatyar Had Links With KGB*, Imran Akbar.

sur le terrorisme et la guerre non conventionnelle, a présenté un rapport de 19 pages qui critiquait la CIA pour ses relations avec le « Parti de l'Islam » de Hekmatyar et pour avoir dissimulé les problèmes que son groupe avait créé. Au fil du temps, il est apparu que Hekmatyar était un agent ISI, qui blanchissait son argent par le biais de la BCCI, et qui coopérai également avec le KGB russe pour s'assurer un puissant statut de chef de guerre parmi ses nombreux rivaux. Jeffrey Steinberg des EIR résume :

« Bien que des diplomates américains et des agents du renseignement en poste au Pakistan aient souvent transmis des mises en garde à l'égard des fortes opinions anti-occidentales et pro-iraniennes de Hekmatyar, ainsi que spéculé sur ses possibles liens soviétiques avec le KGB, allant même jusqu'à reconnaitre son statut incontesté de « roi de l'héroïne » de l'Afghanistan, ses forces reçurent la plus grande partie du soutien militaire américain et international tout au long de la guerre en Afghanistan. Les rapports des services de renseignement de Washington sur les progrès de la guerre étaient notoirement partiaux et remplis de désinformation, dépeignant les moudjahidines de Hekmatyar comme des combattants émérites. Souvent, les rapports à destination du Pentagone et de la CIA étaient identiques aux rapports préparés par le renseignement britannique - avec la même orthographe et des erreurs typographiques similaires. Des rapports plus fiables sur le terrain démontrèrent que Hekmatyar consacrait plus de temps et d'efforts à lutter contre les groupes moudjahidines rivaux qu'à combattre les Soviétiques. »[57]

La mainmise de l'ISI sur la situation transparaît dans le

---

[57] *War In Afghanistan Spawned A Global Narco-Terrorist Force*, Steinberg, 10-13-95 EIR.

livre *Afghanistan: The Bear Trap*, dans lequel le brigadier Mohammed Yousaf, l'ancien chef du Bureau afghan de l'ISI, (co-écrit avec un ancien officier de l'armée britannique), décrit Hekmatyar comme « *scrupuleusement honnête* » et comme le dirigeant moudjahidin le plus brave et le plus vigoureux. Yousaf était le directeur des moudjahidines auprès de l'ISI et il fait valoir que la guerre fut prolongée au-delà du nécessaire parce que les États-Unis n'avaient pas accordé *suffisamment* de soutien à Hekmatyar et aux islamistes ; le dit soutien ayant commencé à s'estomper à la fin des années 80 lorsque les Soviétiques occupaient encore l'Afghanistan. Yousef éprouvait du ressentiment parce que la CIA n'avait pas accordé aux islamistes une victoire écrasante, même si les talibans émergèrent finalement vainqueurs après plusieurs années de guerre civile.[58]

Le point de vue de Yousef peut être comparé au rapport du Parti Républicain de 1990 mentionné dans un article du journaliste Akbar Imran œuvrant pour *The News International*, qui détaille également les liens présumés d'Hekmatyar avec le KGB.

Après la prise de pouvoir des talibans, Hekmatyar fut contraint de s'enfuir en Iran. En février de la même année, le gouvernement iranien mit un terme à ses opérations en Iran et l'expulsa en Afghanistan.

Hekmatyar se montrait plus ouvertement anti-américain que jamais dans ses vues, offrant de larges récompenses pour le meurtre de membres des troupes américaines et désignant comme illégitime le nouveau gouvernement

---

[58] Yousef, pp. 40-41, 233-235.

afghan mis en place par les USA. En mai, la CIA aurait tenté de l'assassiner avec un missile tiré depuis un drone anonyme lorsque lui et son entourage séjournaient près de Kaboul. Ce membre favori de l'ISI reste aujourd'hui l'un des éléments les plus dangereux d'Afghanistan.[59]

Dans son livre, Yousef déploie également de grands efforts pour faire comprendre que le personnel américains ne fut jamais impliqué dans la formation d'aucun moudjahidin afghans :

« Jusqu'au retrait soviétique d'Afghanistan au début de 1989, aucun instructeur américain ou chinois n'a jamais été impliqué dans des formations au maniement des armes ou en équipement dispensées aux moudjahidin.

*Même avec des systèmes d'armement plus lourds et plus sophistiqués... Nos équipes pakistanaises ont toujours formé les moudjahidines. Il s'agissait une volonté délibérée, d'une politique soigneusement examinée que nous avons toujours refusé de modifier, malgré la pression croissante de la CIA, et plus tard du Département de la Défense des États-Unis, pour leur permettre de prendre la relève. Dès le début, les Américains voulaient être directement impliqués dans la distribution des armes, la planification opérationnelle des opérations et la formation des guérilleros. Dès le début, jusqu'à ce que le dernier soldat soviétique ait quitté le pays, **nous avons résisté avec succès.** »* [Souligné par nous][60]

À part d'être le financier et fournisseur en armement, la CIA américaine se tenait à l'écart des opérations. C'était

[59] "CIA 'tried to kill Afghan warlord,'" BBC, May 10, 2002.
[60] Youssef, p. 115.

l'ISI de Yousef qui gérait le jihad contre les Soviétiques en Afghanistan, et c'était l'ISI qui canalisait le soutien de la CIA aux chefs de guerre afghans les plus indésirables. Ce qui devient clair après un examen du dossier de cette époque, c'est que les objectifs de l'ISI, et ceux de la guerre en Afghanistan en général, correspondaient bien plus à ceux des Britanniques qu'à ceux de la CIA. Les Britanniques avaient formulé et promu le plan de l'engagement américain; ils ont maintenu des relations étroites avec l'ISI qui assurait la gestion de la guerre; ils contrôlaient la banque qui a largement bénéficié du conflit et quand la guerre fut terminée, ils ont accueilli à bras ouvert en Grande-Bretagne les nombreux anciens combattants moudjahidin qui demandèrent l'asile britannique.

Oussama ben Laden a été l'un de ces anciens combattants et au début de 1994, il a acheté un domaine et a vécu pendant une courte période dans la banlieue londonienne de Wembley. Pendant son séjour à Londres, il a établi le **Comité de Conseil et de Réforme** afin de superviser son réseau économique, et il a consolidé ses liens de propagande au sein du monde occidental grâce à ses relations avec Sheikh Omar Bakri de Londres et avec Abdel Bari Atwan, le rédacteur en chef d'*Al-Qods al-Arabi*, l'un des journaux en langue arabe les plus influents au monde. Youssef Bodansky, l'auteur de la biographie best-seller de Ben Laden écrit que : «*Au moment où Ben Laden a quitté Londres, il avait consolidé un système étendu d'entités pourvue d'une source de financement solide – bien que clandestine. Ce système de diffusion, basé à Londres fonctionne toujours efficacement.*» (Écrit en

1999).[61]

VIII. Informations complémentaires

Sur l'Executive Intelligence Review:

http://www.larouchepub.com/

Put Britain on the List of States Sponsoring Terrorism

Who Really Controls International Terrorism?

Why the Real Name is 'Osama bin London'

Bernard Lewis: British Svengali Behind Clash of Civilizations, by Scott Thompson and Jeffrey Steinberg

War In Afghanistan Spawned A Global Narco-Terrorist Force, by Jeffrey Steinberg

Sur le Middle East Media Research Institute

http://www.memri.org/

Sheikh Omar Bakri Mohammed - London, un autre membre des Frères Musulmans

Islamist Leaders In London Interviewed

Egyptian Muslim Brotherhood Presents New Suicide Bombers

Sur la BBC

---

[61] Bodansky, pp. 101-102.

UK is 'Money Launderers Paradise'

FBI Highlights UK Terror Suspects
Autres Sources

The British Connection, by Hichem Karoui

Britain's dissident community of Arab Islamists is a hotbed of radicalism, de Nicolas Pelham

Islamic Militants Have Base In London, Newsday.com

London Seen As Hub For Radicals, USATODAY.com

UK Recruiting Ground for Al-Qaeda, The Times of India

Les Frères Musulmans : L'arme secrète des Mondialistes

I.   Les racines du terrorisme islamique

Au cours du dernier demi-siècle, la religion a connu un fort déclin en Occident ainsi qu'au sein de la majeure partie de l'Orient. La spiritualité a été remplacée par le matérialisme à mesure que le niveau de vie augmentait. La culture populaire est ainsi devenue presque totalement laïque. Pourquoi en a-t-il été autrement au Moyen-Orient? Comment se fait-il que l'éthique judéo-chrétienne se soit érodée, mais que l'éthique islamique ait connu une apparente résurgence ? Cette étude va tenter d'expliquer pourquoi cette situation n'est nullement le produit du hasard et elle démontrera que l'Islam militant a été une carte jouée par les élites dominantes de l'establishment anglo-américain pour atteindre l'objectif à long terme d'un gouvernement mondial.

Avant que nous nous tournions vers les événements du 11 Septembre, nous devons d'abord examiner le petit groupe de savants musulmans qui ont développé l'idéologie, afin de se rendre compte à quel point le mouvement est vraiment étroitement contrôlé et piloté. Il s'agit d'un courant minoritaire au sein de l'Islam, mais il est très influent et son efficacité doit être mesurée par d'autres moyens que la simple comptabilisation du nombre d'adhérents à sa philosophie.

Comme nous l'avons relaté dans la première partie, les

Britanniques se sont servis de l'Islam pour légitimer les dirigeants fantoches qu'ils avaient placé en Jordanie, en Irak, en Arabie Saoudite et en Palestine après avoir mis la main sur le Moyen-Orient suite à la Première Guerre mondiale. À cause de cela, cet islam était considéré par une grande partie de la population arabe comme rien de moins qu'une émanation corrompue de la domination coloniale. C'est pourquoi les mouvements anticoloniaux légitimes, tels que ceux de Nasser, de Mossadegh et de Bhutto, étaient principalement de nature laïque. Lorsque ces mouvements nationalistes ont commencé à réussir en dehors de la sphère d'influence britannique, les Britanniques se sont tournés vers leurs alliés islamiques afin de renverser ces régimes indépendants. Les Frères Musulmans se distinguent comme le mouvement contre-révolutionnaire le plus important de cette période au Moyen-Orient, et l'un des plus importants actifs stratégiques actuels des mondialistes Britanniques.

Les Frères Musulmans sont nés en Égypte en 1928 pour finir par devenir *« la plus vaste et influente organisation sunnite revivaliste du 20ème siècle. »* Elle a été fondée par Hassan el-Banna, le premier fils d'un cheikh respecté qui était aussi un auteur et le chef d'une mosquée locale. Hassan est né en 1906 et a grandi immergé dans l'islam sous la tutelle de son père. Il mémorisa le Coran et à douze ans, fonda une organisation appelée la Société du Comportement Moral. Peu de temps après, il créa un autre groupe, la Société pour Surveiller les Interdits. Il était un fervent musulman se consacrant entièrement à sa foi et à l'âge de seize ans, il s'inscrivit dans une école islamique du Caire afin de devenir enseignant. Adolescent, Hassan el-Banna est également devenu membre d'un ordre soufi, l'ordre des Frères Hasafiyya. Il fut actif dans l'ordre, lisant toute la littérature soufi qu'il pouvait se procurer, allant jusqu'à organiser un groupe soufi, la Société pour la Protection des Hasafiyya.[62]

Dans la première partie de cette étude, nous avons rapporté plusieurs allégations selon lesquelles les Frères Musulmans ont été créés, infiltrés, ou au moins encouragés par les services secrets britanniques et/ou la franc-maçonnerie britannique. Le Dr John Coleman allègue qu'ils ont été créés par *« les grands noms du renseignement britannique au Moyen-Orient ... »*, Stephen Dorril déclare que la Fraternité était reliée au renseignement britannique à travers dame Freya Stark avant la Seconde Guerre mondiale, et le régime du Chah en Iran les considérait comme un instrument de la Franc-Maçonnerie britannique.

Certains musulmans trouveront ces affirmations difficiles à croire, pourtant ils ne devraient pas les rejeter d'emblée. Hassan el-Banna était un fervent musulman accordant à l'islam une priorité absolue, mais il n'est pas inconcevable qu'il ait pu être influencé par la Fraternité maçonnique de la Grande-Bretagne, ou qu'il ait pu accepter l'aide britannique pour faire avancer son mouvement, au moins dans les premiers temps. L'Islam a déjà été efficacement utilisé par les Britanniques depuis l'étranger, alors pourquoi ne tenteraient-ils pas de s'en servir également en Égypte ?

La franc-maçonnerie est apparue en Égypte peu après la

---

[62] Biographie d'Hassan al-Banna.

conquête de Napoléon en 1798, lorsque le général Kléber, un maçon français et commandant en chef de l'armée de Napoléon créa la loge d'Isis. La maçonnerie française a dominé l'Égypte jusqu'à ce que les loges britanniques commencent à émerger après l'occupation britannique en 1882. La franc-maçonnerie était très populaire dans la première moitié du XXᵉᵐᵉ siècle, et de nombreux Égyptiens importants étaient maçons, lorsque les dirigeants et aristocrates britanniques occupaient le pays. En fait, les monarques égyptiens, du Khédive Ismail au roi Fouad, ont été faits Grands-Maîtres à titre honorifiques au début de leur règne. De 1940 à 1957, il y avait près de soixante-dix loges maçonniques affrétées dans toute l'Égypte. À une certaine époque, les dirigeants des partis nationalistes et Wafd étaient francs-maçons, et de nombreux membres du Parlement égyptien étaient maçons aussi, se mêlant aux commandants militaires et aux aristocrates du pouvoir d'occupation britannique.[63]

Deux très importants dirigeants islamiques en Égypte, Jamal al-Din al-Afghani et Mohammed Abdou, étaient également francs-maçons. Al-Afghani était un étranger qui avait été le premier ministre de l'Afghanistan avant de devenir un militant en Iran et en Russie avant son apparition en Égypte. Il est considéré comme « le fondateur du courant politique panislamique », son mouvement est connu sous le nom de mouvance **salafiste**. Il se positionnait contre l'impérialisme britannique, mais en même temps il préconisait la modernisation du monde musulman. Avant d'être expulsé d'Égypte, il était devenu une figure importante

---

[63] *Freemasonry In Egypt*, Insight Magazine, 1ᵉʳ mars 1999.

de l'Université Al-Azhar du Caire et son disciple le plus important fut Mohammed Abdouh. Tout au long de sa vie, il fut un militant de l'autodétermination musulmane, mais il visita plusieurs fois Londres où, selon un biographe, *« il rétablit des liens avec les membres de sa loge.* » À sa mort en 1897, al-Afghani a laissé un grand nombre d'écrits politiques et religieux qui devaient former la future base des mouvements islamistes qui lui succédèrent.[64]

Après qu'al-Afghani ait été expulsé d'Égypte en 1879, Mohammed Abdou continua à promouvoir son message réformiste. En conséquence, il fut expulsé en 1882. Pendant son exil, il rencontra al-Afghani à Paris où ils collaborèrent à la publication d'un journal musulman leur permettant d'élargir leurs contacts au sein de la Fraternité maçonnique. Quatre ans plus tard, les Britannique changèrent d'avis et permirent à Abdou de revenir. Il devint professeur à l'Université Al-Azhar, où il se concentra sur la réforme de la prestigieuse institution islamique. Dans le même temps, il fut rapidement promu jusqu'à devenir juge au sein des tribunaux nationaux. Onze années à peine après son retour d'exil imposé par les Britanniques, Lord Cromer, le gouverneur britannique au pouvoir, fit de Cheikh Mohammed Abdou le Grand Mufti d'Égypte, en 1899. Il était maintenant le Pape de l'Islam.[65] Il était également en même temps, le Grand Maître maçonnique de la Loge Unie d'Égypte.[66]

---

[64] Biographie de Jamal al-Afghani.
[65] Biographie of Mohammed Abduh.
[66] Commentaire de Cheikh Abdoul Hadi sur l'Association des Musulmans Italiens.

L'initiative de Cromer faisant d'Abdou le personnage le plus puissant de tout l'Islam répondait bien sûr à un motif inavoué. Voyez-vous, en 1898, le conseil décisionnaire de l'Université Al-Azhar avait réaffirmé que l'usure et ainsi le modèle bancaire occidental, était *harem* (illégal) conformément à la loi islamique. Ceci était inacceptable pour Lord Cromer, parce que son nom se trouvait être Evelyn Baring - il était donc un membre important de la prestigieuse famille de banquiers d'Angleterre Baring s'étant enrichie par le commerce de l'opium en Inde et en Chine. Lord Cromer installa son ami Cheikh Abdou afin qu'il modifie la loi interdisant la pratique bancaire, et une fois fait Grand Mufti, il utilisa une interprétation très libérale et créative du Coran pour fabriquer une échappatoire qui autorisa la pratique interdite de l'usure. Les banques britanniques eurent ensuite libre cours pour dominer l'Égypte. Dans ses écrits, Lord Cromer déclare : « *je soupçonne mon ami Abdou d'être en réalité un agnostique* », et il commenta le mouvement salafiste d'Abdou en disant : « *Ils sont les alliés naturels du réformisme européen.* » Cromer vit même que le mouvement islamiste pourrait être utilisé à l'avantage de la Grande-Bretagne.[67]

Le Cheikh Mohammed Abdou avait deux étudiants qui furent importants dans la poursuite du mouvement salafiste après sa mort en 1905. L'un d'eux était Sheikh Ahmad Abd al-Rahman el-Banna, le père de Hassan el-Banna. L'autre était Mohammed Rashid Rida, un franc-maçon qui devint l'ami du Cheikh Abdou et l'éditeur du mensuel *The Lighthouse/Le Phare*. Cet organe porte-parole du mouvement salafiste fut pour la première fois

---

[67] Extrait de "*The Return of the Khalifate*" du Cheikh Abdalqadir as-Sufi.

publié en 1897, et Rida en est resté l'éditeur pendant 37 ans. Rida évoluait aussi au sein du cercle d'influence britannique et ses publications reflétaient le point de vue britannique, en générant de l'agitation contre l'Empire Ottoman. Il louait le mouvement franc-maçonn des Jeunes Turcs, mais après la Première Guerre mondiale, il se mit à fustiger la révolution nationaliste de la Turquie sous Atatürk.[68]

La prime jeunesse d'Hassan el-Banna fut influencée par tous ces facteurs : le mouvement islamique, l'occupation britannique, son père, puis son mentor le plus important, Mohammed Rashid Rida. El-Banna a grandi en lisant les publications de Rida et par ses liens familiaux ils sont devenus de bons amis. À sa mort en 1935, Rida avait placé tout son espoir d'une résurgence islamique dans les Frères Musulmans d'el-Banna. L'autre facteur important de la vie de Hassan el-Banna, fut la franc-maçonnerie. Dans sa jeunesse, El-Banna fraya avec de nombreuses sectes et groupes politiques religieux et devint également un membre de la Fraternité maçonnique. À l'époque, c'était tout à fait normal pour quelqu'un qui grandissait dans les échelons les plus élevés de la société égyptienne et son appartenance n'était pas considérée - contrairement à aujourd'hui - comme une trahison des valeurs islamiques.[69]

En 1927, à l'âge de vingt et un ans, après avoir obtenu son diplôme universitaire, il fut nommé professeur

---

[68] Biographie d'Hassan al-Banna; Dietl, p. 26; Dreyfuss, p. 139-140.
[69] Commentaire de Cheikh Abdoul Hadi sur l'Association des Musulmans Italiens.

d'arabe dans une école d'Ismailiyya. Cette ville se trouve être la capitale de la zone du canal occupée par les Britanniques et abrite le siège de la compagnie anglaise exploitant le Canal de Suez. Hassan el-Banna y créa les Frères Musulmans un an plus tard. La Compagnie de Suez a financé la construction de la première mosquée des Frères Musulmans qui fut construite à Ismailiyya en 1930.[70]

Une question importante est de savoir comment, parmi une multitude d'organisations islamiques en compétition, les Frères Musulmans ont-ils pu connaitre une expansion aussi rapide pour atteindre le nombre de 500,000 membres actifs, seulement une décennie plus tard ? El-Banna n'avait que vingt-deux ans quand il a commencé, et il était basé au cœur du territoire occupé par les Britanniques pendant les quatre premières années. Les historiens contemporains attribuent directement le succès de la Fraternité aux compétences organisationnelles d'el-Banna :

« Le facteur le plus important qui a rendu possible cette expansion spectaculaire, fut le talent organisationnel et idéologique fourni par el-Banna. Il chercha à opérer les changements qu'il espérait par le renforcement des institutions, l'activisme sans relâche au niveau local et le recours à la communication de masse. Il commença à construire un mouvement de masse complexe qui comportait des structures de gouvernance sophistiquées ; des sections en charge de promouvoir les valeurs de la société parmi les

---

[70] Dreyfuss, p. 143.

paysans, les travailleurs et les professionnels ; des unités chargées de fonctions clefs, y compris la propagation du message, l'établissement des liens avec le monde islamique et la presse, ainsi que la traduction des enseignements, sans oublier des comités spécialisés pour la gestion des finances et des questions juridiques. En ancrant cette organisation dans la société égyptienne, el-Banna s'est habilement appuyé sur les réseaux sociaux préexistants, notamment ceux construits autour des mosquées, des associations sociales islamiques et des groupes de quartier. Ce tissage des liens traditionnels au sein d'une structure typiquement moderne fut à l'origine de son succès. »[71]

L'essentiel est que le succès des Frères Musulmans n'aurait pu être atteint sans l'approbation de l'élite dirigeante britannique, et l'association d'el-Banna avec la Fraternité maçonnique explique le niveau d'efficacité avec laquelle ils ont été organisés et la manière dont ils se sont parfaitement intégrés dans la société égyptienne. Comme la Fraternité maçonnique, ils furent d'abord présentés comme un organisme de bienfaisance. Cependant, alors que la franc-maçonnerie était libérale et ouvertes aux membres de toutes les confessions, les Frères Musulmans se concentraient spécifiquement sur l'islam. Il s'agissait d'une maçonnerie réservée exclusivement aux musulmans. Tout comme la Maçonnerie, les Frères Musulmans s'entouraient de secret et étaient gérés selon une structure de commandement pyramidale. Les fantassins de la base n'avaient aucune idée des véritables objectifs des

---

[71] Biographie d'Hassan al-Banna.

dirigeants au sommet.

Les Frères Musulmans ont été établi avec l'approbation et le soutien de l'establishment britannique, mais un tel mouvement de masse populaire s'est avéré difficile à contrôler. Le peuple égyptien nourrissait un profond ressentiment antibritannique, et ce sentiment domina inévitablement les Frères Musulmans. Ils cessèrent d'être exclusivement un organisme religieux de bienfaisance et à la fin des années 1930, ils entrèrent dans le domaine de la politique pour soutenir le soulèvement arabe palestinien contre les Britanniques et l'afflux croissant d'immigrants juifs. L'activisme antibritannique ne tarda pas à s'installer au sein de la Fraternité et au début de la Seconde Guerre mondiale, el-Banna fut brièvement emprisonné par le régime pro-britannique pour avoir échouer à garder la main sur son organisation.

Après la Seconde Guerre mondiale, el-Banna constata qu'il était l'un des dirigeants les plus puissants d'Égypte. Il se trouvait engagé dans une lutte de pouvoir avec la monarchie et le parti laïc Wafd. Son organisation était considérée comme la plus militante, la plus radicale et la plus dangereuse. En 1948, les membres des Frères Musulmans furent impliqués dans l'assassinat du chef de la police du Caire et le gouvernement riposta lorsque le Premier ministre Nukrashi Pacha proclama la dissolution des Frères Musulmans en décembre 1948. Leur siège social et leurs succursales furent fermés et ses actifs et ses fonds furent saisis. Des centaines de membres furent arrêtés et incarcérés et les Frères Musulmans rentrèrent dans la clandestinité. Quelques semaines plus tard, Nukrashi Pacha fut assassiné par les

Frères, puis le 12 février 1949 Hassan el-Banna fut lui-même assassiné par la police secrète de l'Égypte.

En mai 1950, le gouvernement tenta de se réconcilier avec la Fraternité et libéra de prison la plupart des membres capturés. L'année suivante, l'interdiction de la Fraternité fut abrogée, mais elle fut forcée de se conformer à une nouvelle loi adoptée pour réglementer les différentes sociétés, groupes et organisations égyptiennes.

Comme la monarchie continuait de perdre en popularité, se libérant beaucoup trop lentement de la tutelle britannique au goût du peuple, deux groupes subversifs complotèrent dans les coulisses pour reprendre le contrôle du destin de l'Égypte : les Officiers Libres et les Frères Musulmans, l'armée et les fondamentalistes. L'armée s'avéra l'organisation la plus influente, surtout après la mort d'el-Banna, et Nasser émergea finalement comme l'homme propre à conduire l'Égypte sur une voie indépendante. Au début, la Fraternité accorda son soutien à l'armée et il y eut des tentatives pour les inclure au sein du nouveau gouvernement, mais la Fraternité surestima ses forces et son influence et se montra trop exigeante. Puis, après que Nasser ait remporté sa lutte de pouvoir avec le général Naguib, la Fraternité savait qu'elle connaitrait un avenir difficile. Nasser faisait montre de beaucoup moins de compréhension à l'égard des fondamentalistes que n'en témoignait Naguib et la rupture fut complète lorsque la Fraternité tenta d'assassiner Nasser en Octobre 1954. De nombreuses années plus tard, le général Naguib destitué et aigri revendiqua dans ses mémoires que l'assassinat était une opération d'infiltration prévue par Nasser pour lui fournir une excuse afin d'en finir une fois pour toutes avec la Fraternité.[72]

En tout cas, à la fin de 1954, des milliers de membres des Frères furent emprisonnés, y compris la quasi-totalité de ses dirigeants, et six furent exécutés. Ce fut cette rupture qui ouvrit la voie à une nouvelle relation entre les Frères Musulmans et les services de renseignement de la Grande-Bretagne et de l'Amérique, parce que tous étaient unis dans leur haine de Nasser. Malheureusement pour l'Occident, la Fraternité demeura largement inefficace en Égypte tout au long du règne de Nasser, même s'ils furent impliqués dans plusieurs autres tentatives d'assassinat sur sa personne. Pendant ce temps, de nombreux membres en fuite furent accueillis à Londres, où ils établirent une présence qui demeure à ce jour, et un certain nombre d'entre eux furent relocalisés en Syrie, en Jordanie et en Arabie Saoudite.

Hassan el-Banna a créé une organisation décrite par les historiens arabes comme *« le plus grand mouvement islamique moderne. »* El-Banna passait pour dire :

« *Il nous faut trois générations pour atteindre nos objectifs - une pour écouter, une pour lutter et une pour triompher.* »[73]

Il est mort jeune à l'âge de 43 ans. Il appartenait à la génération de « l'écoute », mais il en fut l'orateur. Après

---

[72] Dietl, p. 56.
[73] Dietl, p. 32.

sa mort prématurée, plusieurs autres dirigeants continuèrent d'instruire les croyants au sein de l'Islam militant fondamentaliste.

L'un d'eux fut un homme du nom de Saïd Qotb. Il fut finalement reconnu comme « l'idéologue en chef » des Frères Musulmans après el-Banna, et ses nombreux écrits justifient les croyances des islamistes radicaux d'aujourd'hui. Les musulmans empruntent rarement la voie radicale de l'Islam sans avoir lu les écrits de Qotb.

Saïd Qotb était du même âge qu'el-Banna, et était aussi un franc-maçon, même s'il n'avait rejoint la Fraternité qu'après la mort d'el-Banna. Il était devenu critique à l'égard de l'Occident après avoir vécu aux États-Unis pendant un certain temps et lorsqu'il rentra en Égypte, il embrassa le fondamentalisme. Il grimpa très rapidement les échelons au sein de la Fraternité et fut nommé ambassadeur en Syrie et en Jordanie avant de devenir rédacteur en chef du périodique officiel de la Fraternité en 1954. Toutefois, après la « tentative d'assassinat » de Nasser il fut arrêté avec plusieurs de ses compatriotes, cruellement torturé puis condamné à quinze ans de travaux forcés. Un an plus tard, un représentant de Nasser lui offrit l'amnistie s'il se repentait. Qotb refusa et resta en prison, poursuivant ses études et écrivant sur le rôle de l'islam au sein du monde moderne. Il développa la doctrine selon laquelle d'après l'Islam, les États arabes modernes comme l'Égypte sont envahies par la *Jahiliyyah*, qui est un terme traduisible par la *barbarie*, qualifiant principalement l'influence de la culture occidentale et de ses systèmes politiques. Qotb écrit :

« Il n'appartient pas à l'Islam de se compromettre avec les concepts de la Jahiliyya qui sont en cours dans le monde ni à coexister sur la même terre où règne un système jahili ... L'Islam ne saurait tirer son système, ses lois, ses règlements, ses habitudes, ses normes et ses valeurs d'une autre source qu'Allah. D'autre part, l'Islam est la soumission à Allah, et sa fonction est d'éloigner les gens de la Jahiliyyah pour les ramener vers l'islam. La Jahiliyyah est le culte de certaines personnes par d'autres ; c'est-à-dire, certaines personnes deviennent dominantes et font des lois pour les autres, indépendamment du fait que ces lois sont contre les injonctions d'Allah et sans se soucier de l'utilisation ou de la mauvaise utilisation de leur autorité. L'Islam, d'autre part, correspond à l'adoration d'Allah seul, en découlent les concepts et les croyances, les lois et règlements qui émanent de l'autorité d'Allah, nous libérant ainsi de la servitude envers les serviteurs d'Allah. Cela est la nature même de l'islam et son rôle sur la terre. L'islam ne peut accepter aucun mélange avec la Jahiliyyah. Soit l'Islam demeure ou bien la Jahiliyyah; tout situation de compromis est impossible. Le commandement appartient à Allah, ou bien à la Jahiliyyah; la Shari'ah d'Allah prévaudra, ou bien les désirs des gens ... »[74]

Qotb croyait que les États arabes régis par quoi que soit d'autre que la *Charia* islamique se compromettaient avec la *Jahiliyyah*, et il préconisait l'utilisation violente de la force pour renverser les systèmes politiques, en particulier le régime de Nasser en Égypte, afin d'éradiquer la *Jahiliyyah*. Qotb a écrit : *« Le premier devoir de l'Islam est d'empêcher la Jahiliyyah de prendre le pouvoir sur l'homme. »*[75]

---

[74] *The Right To Judge*, de Saïd Qutb.
[75] Ibid.

En 1964, Qotb fut gracié et libéré sur insistance du chef d'État irakien en visite. Qotb publia ensuite peut-être son œuvre la plus importante, un livre intitulé *Jalons sur la route*. Nasser prétexta le langage militant du livre pour faire incarcérer Qotb une fois de plus. Dans le même temps, craignant un complot de la Fraternité réorganisée contre son régime, Nasser fit arrêter 20,000 autres membres présumés des Frères Musulmans. Le 29 août 1966, Nasser fit un exemple de Saïd Qotb et le fit exécuter par pendaison.

Au cours de sa vie, Saïd Qotb publia 24 livres ainsi qu'un commentaire en 30 volumes du Coran. Aujourd'hui, son travail inspire les fondamentalistes musulmans en Égypte et dans le monde entier ; sa vie est présentée comme un excellent exemple islamique de la façon dont de se comporter face à la persécution et la misère.

Un autre des « orateurs » de la première génération de militants islamistes révolutionnaires, fut Mustafa al-Sibai. Il naquit en Syrie et étudia à la prestigieuse université islamique d'Al-Azhar au Caire, en Égypte. C'est là qu'il intégra les Frères Musulmans. Il fut emprisonné pendant un certain temps par les Britanniques, puis retourna en Syrie où il fut arrêté et emprisonné à nouveau pour ses constantes activités révolutionnaires, cette fois par les Français. En 1946, après avoir purgé sa peine, Mustafa al-Sibai forma la Société des Frères Musulmans en Syrie, une branche subordonnée à la base égyptienne.

La carrière d'Al-Sibai en Syrie fut finalement assez réussie. Il décrocha son doctorat en droit islamique et commença à enseigner l'arabe et la religion à Damas. En 1951 il se maria dans une puissante famille de Damas. Il voyagea dans tout l'Occident, publia des livres, donna des conférences et participa à la direction des Frères Musulmans jusqu'à sa mort en 1964.[76] Al-Sibai fut l'un des porte-parole les plus éloquents du mouvement islamique doté d'une grande compréhension de ce qui se passait dans le Moyen-Orient. Dans l'un de ses nombreux articles, il écrivit à propos des intérêts des entreprises occidentales dans les pays arabes :

Elles sont la raison directe de l'intervention étrangère dans les affaires intérieures du pays et constituent le grand obstacle à la réalisation de l'indépendance et de la dignité. D'une part, les concessions [pétrolières] sont l'héritage des Turcs, d'autre part, les concessions ont été accordées en vertu de la supposition trompeuse qu'elles seraient économiquement bonnes pour le pays et le peuple. Mais l'histoire a montré que ces entreprises correspondent au colonialisme.[77]

Abul Ala Maududi est considéré comme le père du mouvement islamique du Pakistan. Né en 1903, il acquit de l'influence à partir de 1937 lorsqu'il devint le directeur de l'Institut de Recherche Islamique de Lahore. Lorsque la nation du Pakistan fut constituée en 1948, il s'est opposé à la nature laïque du gouvernement mise en place par les Britanniques et purgea pour cela une peine de prison en 1948, puis de nouveau en 1952.

---

[76] Dietl, pp.37-39.
[77] Dietl, p. 38.

L'autre œuvre la plus durable de Maududi, avec ses quatre-vingts livres et brochures publiés, fut son organisation **Jamaat-e Islami**, ou **Société Islamique**. Maududi et son groupe entretenaient des liens étroits avec les Frères Musulmans et Dietl écrit que : *« Les deux organisations se considèrent encore comme des branches du même mouvement. Parfois, les Frères Musulmans ont même désigné Maududi comme le successeur légitime des idéologues el-Banna et Saïd Qotb. »*[78]

Maududi est bien connu pour son articulation de l'État islamique idéal, et sa définition est acceptée par la majorité des musulmans au sein du mouvement islamiste militant. Dans le passage suivant, il fait la remarque suivante à propos de la démocratie :

« La différence entre la démocratie islamique et la démocratie occidentale est, bien sûr, ce qui suit : tandis que la seconde est basée sur la conception de la souveraineté du peuple, la première est basée sur le principe du califat [direction] par le peuple. Dans la démocratie occidentale, le peuple est souverain; dans l'Islam, la souveraineté appartient à Dieu, et les gens sont ses califes ou ses sujets. En Occident, les gens eux-mêmes font la loi; dans l'Islam les gens doivent suivre et obéir aux lois que Dieu a communiquées par ses prophètes. Dans un système, le gouvernement accomplie la volonté du peuple; dans l'autre le gouvernement et les gens doivent traduire en actes les intentions de Dieu. En bref, la démocratie occidentale est une sorte d'autorité absolue qui exerce son pouvoir librement

---

[78] Dietl, p. 42.

et de manière incontrôlée, alors que la démocratie islamique est soumise à la loi divine et exerce son autorité en harmonie avec les commandements de Dieu et dans le cadre établi par Dieu. »[79]

Le dernier des idéologues révolutionnaires islamiques, sur lequel nous allons mettre l'accent, est un Iranien du nom d'Ali Shariati. Voici un autre lien concret entre le mouvement islamique et la franc-maçonnerie, parce qu'Ali Shariati était lui-même un franc-maçon. Son père, Muhammad Taqi Shariati, était un maçon qui fut aussi, au moins pendant un moment, un agent de la division extrême-orientale des renseignements britanniques.[80]

Ali Shariati est né en 1934. Il a étudié à Mashad et a grandi dans l'ombre de son père qui dirigeait un centre islamique révolutionnaire appelé le **Centre pour la Propagation de la Vérité Islamique**. Après le renversement du Premier ministre Mossadegh et la prise de pouvoir du Chah, Ali Shariati rejoignit le **Mouvement de Résistance Nationale**. En 1957, il fut arrêté avec son père et une poignée d'autres militants et passa six mois en prison.

La famille Shariati avait des amis puissants dans les hautes sphères et Ali fut accepté à la prestigieuse université de la Sorbonne en France. Il commença ses études en 1960, recevant un doctorat en sociologie et histoire islamique. Los de son séjour en France, il fut

[79] Dietl, p. 43.
[80] Dreyfuss, pp. 106-108 (extrait) ; *What Really Happened In Iran*, Dr. John Coleman, 1984, p. 24.

captivé par un groupe d'intellectuels élitistes, les *existentialistes*. Il s'agissait d'un groupe d'écrivains matérialistes anticapitalistes et antimatérialistes qui comprenait Jean-Paul Sartre, Frantz Fanon, Albert Camus, Jacques Berque, Louis Massignon et Jean Cocteau. Shariati y développa également une fine appréciation de nombreuses idées marxistes.

Shariati retourna en Iran en 1965 et fut immédiatement arrêté. Il fut accusé d'avoir été impliqué avec des groupes qui cherchaient à renverser le Chah lorsqu'il séjournait en France, et d'avoir contribué à créer le Front National Iranien pour l'Europe. Cependant, il fut immédiatement libéré, et occupa par la suite un poste d'enseignant à proximité de Mashad. Pendant les cinq années suivantes il se concentra sur l'écriture, la promotion de son point de vue sur l'Islam tout en entretenant des liens avec les Frères Musulmans et d'autres groupes de résistance.

Au début des années 1970, le Dr Shariati commença à donner des conférences sur la politique et la religion, ainsi qu'à promouvoir publiquement ses écrits en mettant en avant des vues diamétralement opposées à celles du Chah axées sur le développement d'une infrastructure industrielle, de la promotion du développement économique et prônant l'éducation laïque moderne. Shariati écrit : *« Venez mes amis, abandonnons l'Europe, cessons cette imitation simiesque nauséabonde de l'Europe. Laissons derrière cette Europe qui parle toujours de l'humanité, mais détruit les êtres humains partout où elle les trouve. »*[81]

---

[81] Dreyfuss, pp. 106-108.

L'ayatollah Khomeiny n'aurait jamais réussi sans l'agitation constante de Shariati contre le Chah, accomplie sous couvert du débat intellectuel et visant les étudiants et les fondamentalistes de l'Iran. Pendant un temps, Shariati fut considéré comme l'orateur le plus influent dans les forums de Téhéran. Dietl écrit :

« L'importance de Shariati montre que la révolution iranienne a été favorisée non seulement par les vieux mollahs et ayatollahs, mais aussi par des jeunes agités qui ont été, dans une certaine mesure, influencés par d'autres modèles. Jusqu'à 5000 auditeurs ont assisté aux conférences publiques données par Shariati. Ses écrits ont été distribués par centaines de milliers, bien que leur détention fût passible d'arrestation et de torture. Souvent, le calme et modeste Shariati parlait toute la journée, puis poursuivait ses discussions tard dans la nuit. Après avoir donné plus de 100 conférences, la SAVAK [la police secrète] tenta de l'arrêter, mais Shariati s'échappa ; il se rendit à la police lorsqu'elle prit son père en otage. Pendant deux ans, il fut horriblement torturé dans la prison de Komiteh.

Après sa libération, il lui fut interdit de se livrer à des activités d'enseignement ou de maintenir le moindre contact lié à des conspirations de nature politique. La police secrète le suivait à la trace. »[82]

Finalement, en 1976, Ali Shariati parvint à s'évader à

---

[82] Dietl, p. 45.

Londres et là-bas, tandis qu'il attendait de prendre un avion pour rencontrer des membres de sa famille aux États-Unis, il mourut d'une embolie cérébrale. La thèse officielle, maintenant presque universellement acceptée, est que les agents de la SAVAK ont assassiné Shariati par l'utilisation d'une fléchette empoisonnée trempée dans du venin de cobra. Malgré le fait que le Chah détestait le Dr Shariati et les philosophies répressives qu'il préconisait, l'origine de son embolie cérébrale n'a jamais été prouvée.

Hassan el-Banna avait prédit que trois générations s'écouleraient avant que le mouvement islamique se s'empare du Moyen-Orient. Il avait déclaré que la première génération exigerait des « auditeurs » et lui, Saïd Qotb, Mustafa al-Sibai, Abul Ala Maududi, et Ali Shariati furent quelques-uns des plus éminents stratèges ayant posé les bases idéologiques du mouvement islamiste moderne. La prochaine génération selon el-Banna devait être une génération de « combattants. »

II.   La Création de « l'Arc de Crise »

D ans les années 1970, les élites intellectuelles et les institutions mondialistes mirent l'accent sur la croissance de la population et le développement industriel comme deux des ennemis les plus pressants de la race humaine. L'Organisation des Nations Unies, le Club de Rome, les instituts Tavistock et Aspen, ainsi que de nombreuses autres organisations servant de porte-parole pour les élites dirigeantes, se mirent tous à pleurer sur la destruction de l'environnement et la menace de l'industrialisation. La technologie, la science et le progrès humain tombaient en disgrâce. Les élites considéraient les ressources de la terre comme leur bien et ne n'avaient pas l'intention de les partager avec un Tiers Monde émergent et en plein développement.

Lord Bertrand Russell a été l'un de ces important « humanistes » antihumains prônant un retour à l'âge des ténèbres. Il estimait que : *« la population blanche du monde cessera bientôt d'augmenter. Il se passera davantage de temps avant que le taux de natalité des races asiatiques et des nègres baisse suffisamment pour se stabiliser, sans le recours à la guerre et aux épidémies. Jusque-là, les avantages visés par le socialisme ne peuvent être que partiellement réalisés, et les races moins prolifiques devront se défendre par des **méthodes qui sont dégoûtantes, même si elles s'avèrent nécessaires.** »*

Russell était aussi un promoteur d'un gouvernement mondial : *« J'ai déjà abordé le problème de la surpopulation, mais quelques mots doivent être ajoutés au sujet de son aspect politique. .... Il est impossible de considérer que le monde se trouve dans un état satisfaisant sans qu'il ne s'y trouve une certaine égalité des chances, et un certain acquiescement partout du pouvoir d'un Gouvernement Mondial, et cela ne sera pas possible* **tant que les nations les plus pauvres du monde ne seront pas ... plus ou moins stationnaires au niveau population.** *La conclusion à laquelle nous sommes forcés d'arriver par les faits que nous avons examinés, est que malgré le fait que les grandes guerres ne peuvent être évitées jusqu'à ce qu'un gouvernement mondial soit établi, un gouvernement mondial ne peut être stable* **jusqu'à ce que chaque pays important atteigne une population presque stationnaire.** » Pour Russell, le contrôle de la population est une condition préalable à l'établissement d'un Gouvernement Mondial.[83]

Dès 1947, un dirigeant scientifique australien suggérait, dans un rapport secret du ministère de la Défense australien, que «... *la contre-offensive la plus efficace à l'invasion menaçante des pays asiatiques surpeuplés devait s'orienter vers la* **destruction biologique ou par des moyens chimiques des cultures vivrières tropicales** *et la* **diffusion de maladies infectieuses** *capables de se propager dans les régions tropicales, et non sous les conditions australienne.* » Cet archétype de savant fou était Sir Frank Macfarlane Burnet, anobli par la couronne britannique en 1951, et lauréat du prix Nobel en 1960.[84]

En 1968, le biologiste de Stanford et admirateur de Bertrand Russell, Paul Ehrlich, a écrit le livre best-seller **La Bombe P.** Il écrit : « *Un cancer est une multiplication*

---

[83] Citation de Russell extraite de "*Malthusians*".

[84] "*Nobel winner supported biological warfare as form of population control,*" The Interim, avril 2002.

incontrôlée des cellules; l'explosion de la population est une multiplication incontrôlée de personnes .... Nous devons changer nos efforts et passer du traitement des symptômes à la réduction du cancer. **L'opération exigera de nombreuses décisions apparemment brutales et cruelles.** » Dans son livre, il préconisa d'implanter des produits chimiques servant au contrôle des naissances dans les approvisionnements alimentaires mondiaux.[85]

Sir Julian Huxley, le scientifique et intellectuel britannique qui a joué un rôle de premier plan dans la création de l'Organisation des Nations Unies pour l'Éducation, la Science et la Culture (UNESCO), défendait à peu près les mêmes thèses. Il considérait le progrès scientifique, comme la pénicilline, le DDT et la purification de l'eau, comme une épée à double tranchant. Il a écrit : « *Nous pouvons et devrions nous consacrer avec une dévotion vraiment religieuse à générer une plus grande satisfaction pour l'humanité future. Et cela implique* **une attaque furieuse et concertée** *sur le problème de la surpopulation ; car le contrôle de la population est ... un préalable à toute amélioration radicale de la condition humaine.* »[86]

Les vues extrémistes de Huxley trouvèrent un écho au sein des Nations Unies et elles furent présentées au premier Sommet de la Terre, la Conférence de Stockholm sur l'Environnement Humain en 1972. Maurice Strong fut choisi pour mettre sur pied cette conférence par le secrétaire général des Nations unies U. Thant, et l'année suivante Strong fut en charge du nouvellement créé Programme Environnemental des

---

85 "Malthusians".
86 Julian Huxley, "*Essays of a Humanist*," 1964.

Nations Unies.

1972 est aussi l'année où le Club de Rome a publié son infâme rapport *Limits to Growth/Limites à la Croissance*. Ce rapport, soutenu par des études réalisées par l'Institut de Technologie du Massachusetts, conclu essentiellement que l'industrialisation devait être interrompue pour sauver la planète de la catastrophe écologique. Depuis lors, même les plus fidèles admirateurs du club, tels que Maurice Strong, ont admis que le rapport était « prématuré » et ne tenait pas compte des progrès de la technologie.[87]

Le Club de Rome a toujours été l'un des groupes les plus influents faisant la promotion du gouvernement mondial, depuis sa création en 1970 par le Dr Alexander King, un scientifique et diplomate britannique, et l'industriel italien Arelio Peccei. En 1973, le club publia un rapport intitulé Modèle Régionalisée et Adapté ou Système Global Mondial, présentant un modèle de système de gouvernement du monde sous-divisé en dix régions.

L'*Institut Aspen* est un autre important think tank mondialiste. Il a été créé en 1949 par trois Chicagoans: un homme d'affaires, le président de l'Université de Chicago et l'un de ses professeurs. L'Université de Chicago est financé par les Rockefeller, et l'Institut Aspen a toujours été sous leur sphère d'influence. Un des points forts de l'histoire de l'Institut Aspen fut une conférence de 1970 sur « *La technologie : les objectifs sociaux et options culturelle* », qui ouvrit la voie au Sommet de la

---

[87] Strong, p. 119.

Terre de l'ONU à Stockholm en 1972.

Le WWF, Fonds Mondial pour la Nature, est une autre institution élitiste raciste qui prétend être une organisation écologiste humanitaire. Il a été créé par le Prince Phillip d'Angleterre, le mari de la reine. Il avait déclaré que s'il se réincarnait, il aimerait revenir comme un virus tueur, pour aider à résoudre le problème de la surpopulation. Depuis, d'autres dirigeants du WWF ont exprimé les mêmes préoccupations au sujet de la surpopulation.[88]

Le Dr Arne Schiotz, le directeur du WWF a déclaré : *« Malthus était doté d'une juste vision des choses, la réalité finit par rattraper Malthus. Le Tiers-Monde est surpeuplé, c'est un gâchis économique, et il n'y a aucune manière de s'en sortir avec cette population en croissance rapide. Notre philosophie est : retour au village. »*

Sir Peter Scott, ancien président du WWF, a mis en garde : *« Si nous regardons les choses de manière causale,* **le plus grand problème du monde est la surpopulation.** *Nous devons fixer un plafond pour la population humaine. Toute l'aide au développement devrait être subordonnée à l'existence de programmes de planification familiale solides. »*

Thomas Lovejoy, un ancien vice-président de WWF disait les choses crûment : ***« Les plus gros problèmes sont les maudits secteurs nationaux de ces pays en voie de développement. Ces pays pensent qu'ils ont le droit de développer leurs ressources comme***

---

[88] "Malthusians".

ils l'entendent. Ils veulent devenir des puissances. »

Ces vues répressives sont même défendues par certains des gestionnaires d'institutions financières mondiales les plus importants. Fritz Lutweiler, le président de la Banque des Règlements Internationaux (siège du système bancaire mondial), a déclaré : *« Cela signifie de* **réduire le revenu réel dans les pays où la majorité de la population vit déjà en dessous du seuil de pauvreté.** *C'est difficile, mais personne ne peut épargner aux pays fortement endettés cette voie difficile. C'est inévitable. »*[89]

Robert McNamara, président de la Banque Mondiale, a mis en garde : *« Il n'y a que deux façons possibles d'évité un monde de 10 milliards de personnes. Soit les taux de natalité actuels doivent baisser plus rapidement, ou les présents taux de mortalité doivent monter. Il n'y a pas d'autre moyen. Il y a, bien sûr, de nombreux procédés par lesquels le taux de mortalité peut augmenter. À une époque thermonucléaire, la guerre peut accomplir cela très rapidement et de façon décisive. La famine et la maladie sont d'anciens remèdes naturels servant à ralentir la croissance de la population, et aucun d'entre eux n'a disparu de la scène .... Pour le dire simplement :* **la croissance démographique excessive est le plus grand obstacle au progrès économique et social de la plupart des sociétés dans les pays en voie de développement. »*[90]

En fin de compte, ces points de vue furent intégrés au sein du gotha de la politique étrangère américaine. En

---

[89] "Malthusians"
[90] Ibid.

1974, le secrétaire d'État Henry Kissinger présenta un mémorandum sur la sécurité nationale (NSSM 200) intitulée : « *Implications de la croissance démographique dans le monde entier pour la sécurité des États-Unis et ses intérêts d'outre-mer.* » La conclusion en était :

> « *La croissance de la population mondiale est largement reconnue au sein du gouvernement comme un* **danger actuel d'une magnitude des plus élevée**, *exigeant des mesures urgentes .... Il existe un risque majeur de graves dommages [suite à la croissance rapide de la population] aux systèmes économiques, politiques et écologiques mondiaux et à mesure que ces systèmes commenceront à échouer, à nos valeurs humanitaires.* »

Le NSSM 200 devait être rendu public en 1979, mais il fut tenu confidentiel jusqu'en 1989. Au cours de sa carrière, Kissinger a fait en sorte que le contrôle de la population demeure une pierre angulaire de sa stratégie de politique étrangère, et après lui son partenaire idéologique Zbigniew Brzezinski, vanta le même ordre du jour dans l'administration Carter. Tous deux sont étroitement liés avec la famille Rockefeller et ils ont reçu à Harvard l'enseignement de William Yandell Elliott, le professeur britannique formé à Oxford.

Le Worldwatch Institute a été créé en 1974, en même temps que le NSSM 200 était promu au sein de la politique étrangère de l'Amérique grâce aux subventions du Rockefeller Brothers Fund. Depuis 1984, sa publication annuelle **« *État du monde* »** est toujours mise en évidence par les médias, et ses centaines d'articles et rapports pseudo-scientifiques alarmistes ont depuis été utilisés comme munitions dans la guerre gauchiste de l'élite contre l'industrialisation.

Comme nous l'avons relaté dans la première partie de cette étude, la première attaque sur le Tiers Monde est venue sous la forme d'une augmentation préméditée des prix du pétrole dans le cadre de la guerre du Kippour de 1973. Les économies ne peuvent pas se développer sans un apport d'énergie, et le quadruplement du prix de l'énergie a été un revers majeur pour les pays comme l'Inde, le Brésil, le Pakistan, l'Indonésie et le Mexique. Puis lorsque le président Bhutto du Pakistan a essayé de contourner la situation en développant l'énergie nucléaire, Kissinger l'a menacé en disant : « *Nous allons faire de vous un exemple !* »[91]

Le Chah d'Iran, même si son pays bénéficiait d'abondantes réserves de pétrole, lança également un programme visant à développer l'énergie nucléaire. Les deux dirigeants furent rapidement éliminés.

Avec la hausse des prix de l'énergie, le développement du Tiers-Monde fut contenu, mais le Moyen-Orient arabe devint immensément riche. C'est alors que les mondialistes se tournèrent vers leurs alliés, les islamistes, pour remédier à la situation. L'Islam serait utilisé pour attaquer l'industrialisation et la modernisation en utilisant le mensonge que le progrès humain était anti-islamique et constituait un complot *occidental* contre les serviteurs d'Allah. Le véritable complot visait en fait les masses colorées du Moyen-Orient qui connurent brièvement une amélioration de leur qualité de vie en termes d'éducation, d'emploi, de

---

[91] Biographie de Zulfikar Ali Bhutto.

logement, de santé et de nutrition. Cependant, les partisans religieux et intellectuels de l'ignorance, de la saleté et de la violence unirent toutes leurs forces pour renvoyer le Moyen-Orient prospère à l'âge des ténèbres.

En Angleterre, la **Fondation Islamique** fut mise en place comme branche de la *Jamaat-e Islami* par le professeur Ahmad Kurshid à Leicester en 1973. Lorsque le général Zia prit le pouvoir au Pakistan, il nomma Ahmad ministre de l'Economie.[92] Toujours en 1973, le **Conseil Islamique de l'Europe** fut créé avec son siège à Londres. Le secrétaire général de longue date du Conseil était un Frère Musulman de premier plan du nom de Salem Azzam, sur lequel nous reviendrons plus tard.[93]

Un autre projet intitulé **« Islam et Occident »**, fut initié à Cambridge en 1977 avec le Frère Musulman et l'ancien premier ministre syrien Maarouf Dawalibi en collaboration avec le Club de Rome de Peccei et Lord Caradon de Grande-Bretagne, avec la **Fédération Internationale des Études Avancées** du Dr Alexander King. « Islam et Occident » mettait en place une politique définissant efficacement l'islam comme une religion arriérée engagée dans une lutte avec la science et la technologie. Les Mondialistes étaient déterminés à ne promouvoir que la version répressive de la minorité anti-occidentale de l'Islam et les Frères Musulmans étaient les acteurs-clefs de la promotion de ce point de vue au monde entier.[94]

---

[92] Dietl, p. 72.
[93] Islam in the British Isles, a timeline.
[94] Dreyfuss, extrait.

En Iran, les membres de l'Institut Aspen et du Club de Rome étaient en contact direct avec les opposants idéologiques au régime du Chah. Sharî'atî, Abolhassan Bani Sadr et de nombreux éminents éducateurs dans les universités iraniennes entrèrent dans leur cercle d'influence. La campagne de déstabilisation des mondialistes contre le Chah est documentée par Robert Dreyfuss dans son livre *Hostage to Khomeini*.

Le groupe des **Fedayin**, branche iranienne des Frères Musulmans créée dans les années 1940, joua un rôle crucial dans le renversement du Chah. Il était dirigé par l'ayatollah fanatique Sadeq Khalkhali (1927 – 2003) et l'ayatollah Khomeiny en était un membre de longue date. Les étudiants qui prirent d'assaut l'ambassade américaine de Téhéran après le renversement du Chah étaient également membres des Fedayin. Khalkhali fut à même d'exercer personnellement son pouvoir politique pendant la révolution iranienne en tant que juge dans les procès de milliers de prisonniers politiques, dont la majorité furent condamnés à mort.[95]

Les Fedayin contrôlaient également le réseau de production d'opium et de trafic de drogue en Iran, qui, vers la fin du règne du Chah, était de plus en plus menacé par la campagne anti-drogue du souverain iranien. A l'arrivé de Khomeiny au pouvoir, Khalkhali fut cyniquement nommé responsable du programme national anti-drogue et, pendant son mandat, la production d'opium monta en flèche. Selon les règles édictées par Khomeiny, « *le vin et les autres boissons*

---

[95] Dreyfuss, pp. 72-83.

alcoolisées sont impures, mais l'opium et le haschisch ne le sont pas ».[96]

Au Pakistan, la Jamaat-e-Islami soutint le renversement du Premier ministre Zulfikar Ali Bhutto par le général Zia-ul-Haq. Bhutto était détesté par les mondialistes britanniques parce qu'il avait retiré le Pakistan du Commonwealth, mit en œuvre des politiques nationalistes, s'était tourné vers les Soviétiques et avait cherché à développer l'énergie nucléaire. Lorsque le général Zia annonça la condamnation à mort de Bhutto, cinquante-quatre chefs d'État protestèrent. Zia n'en tint aucun compte et fit exécuter Bhutto en 1979, seulement après avoir reçu des assurances de la direction de la Jamaat-e-Islami que l'exécution ne conduirait pas à des troubles internes.[97] Dans les années suivantes, la Jamaat-e-Islami devint le bailleur de fonds le plus important de Zia et la nation fut soumise à un processus brutal d'islamisation.

En Afghanistan, la CIA, encouragée par les services secrets britanniques, commença à financer les opposants islamiques au régime prosoviétique avant même l'invasion soviétique. Le Conseiller à la sécurité nationale de Carter, Brezinski, préconisa de pousser les moudjahidin à la subversion dans le but de provoquer l'invasion soviétique. Elle eut lieu le 24 décembre 1979.[98] Le général Zia et la Jamaat-e-Islami au Pakistan jouèrent un rôle crucial dans la réussite de la révolte moudjahidin en Afghanistan. Leur prise en main du

---

[96] Dreyfuss, pp. 92-95.
[97] *1979 in Pakistan history.*
[98] Entretien avec Brzezinski.

Pakistan était nécessaire pour attirer les Soviétiques dans le conflit afghan. Comme indiqué, un seigneur de guerre afghan affilié aux Frères Musulmans s'imposa comme le principal bénéficiaire de l'aide militaire américaine, en dépit de ses positions anti-occidentales bien connues et de sa conception radicale de l'islam. Il s'agissait de Gulbuddin Hekmatyar.

(Lorsque le Congrès américain se décida finalement à mettre un terme à cette aide, il était déjà trop tard. En 1996, Hekmatyar était à l'apogée de sa carrière, en devenant, quoique pour une courte durée, Premier ministre de l'Afghanistan. Il fut finalement chassé de l'Afghanistan par les Talibans, mais, aujourd'hui, il y est de retour et mène campagne contre le gouvernement d'Hamid Karzaï. En mai 2002, les Britanniques prirent l'initiative d'envoyer des agents dans le fief de Hekmatyar. L'objectif déclaré de l'opération Buzzard.était la destruction des forces de Hekmatyar : à ce jour, Hekmatyar est toujours en fuite et ses forces ont été soupçonnées des attentats terroristes perpétrés récemment à Kaboul. Peut-être l'objectif déclaré de l'opération Buzzard en cachait-il un autre).

En Égypte, les Frères Musulmans connurent une résurgence après que le président Sadate eut assoupli les restrictions contre l'organisation au début des années 1970. Publiquement, les Frères Musulmans cherchèrent à adoucir leur image en se présentant comme une organisation islamique « modérée », mais, dans les coulisses, ils engendrèrent un certain nombre de groupes extrémistes violents. Le Djihad islamique, le Groupe islamique et Takfir wal Hijra ne sont que quelques-uns des groupes de la nébuleuse terroriste qui commença à faire campagne plus ouvertement contre Sadate, après qu'il eut signé les accords de paix de Camp David avec Israël en 1978. Des militants liés à ces groupes assassinèrent Sadate en 1981 et la loi martiale fut instaurée, cependant que le nouveau leader, Moubarak, ordonnait une répression vigoureuse contre les islamistes.

En Syrie, les Frères Musulmans se révoltèrent contre le régime d'Assad et reprirent la ville de Hama. Le siège du gouvernement syrien sur le bastion des Frères dura trois semaines, trois semaines de combats intenses au cours desquelles six mille soldats et vingt-quatre mille civils furent tués. Dix mille habitants furent arrêtés et placés dans des camps d'internement. Le gouvernement syrien apporta ensuite la preuve que les forces des Frères Musulmans avaient été armées par l'Occident.

Cette explosion de violence dans tout le Moyen-Orient à la fin des années 1970 et au début des années 1980 fut appelée par Brzezinski l' **« Arc de crise »**. Loin d'avoir été une conflagration interne spontanée, elle fut causée par la mise en oeuvre du plan élaboré par des stratèges mondialistes comme le Dr King, Kissinger, Brzezinski et l'agent britannique Bernard Lewis.

III. Les Frères Musulmans s'étendent

Au début de la Seconde Guerre mondiale, l'adhésion aux Frères Musulmans de membres de la famille égyptienne influente Azzam améliora la réputation de la Confrérie. Abdul Rahman (1893 – 1976) était le plus célèbre d'entre eux. Toute sa vie, il avait été au service de l'Empire britannique. Après la Première Guerre mondiale, il avait travaillé avec les services de renseignement britannique à l'organisation de l'activité politique de la Confrérie Sanussi en Libye.[99] Son travail fut très efficace et, en 1951, le chef de la Confrérie Sanussi fut proclamé roi de Libye lors d'une cérémonie à laquelle assista le gratin onusien (d'abord enfant chéri de l'Empire britannique, le roi Idris I gouverna la Libye avant d'être évincé par Mouammar Kadhafi en 1969. Kadhafi avait fondé sa propre organisation révolutionnaire à Londres en 1966,[100] mais son régime tomba rapidement en disgrâce auprès de la Grande-Bretagne.)

Après la Seconde Guerre mondiale, Abdul Rahman Azzam devint le premier Secrétaire général de la **Ligue des États Arabes**. Le prestige d'Azzam est prouvé par le fait que sa fille Muna épousa Mohammed, le fils aîné de l'ancien roi d'Arabie Saoudite, Faysal.[101]

En 1955, après que le général Nasser eut sévi contre les

---

[99] *Hostage to Khomeini* Dreyfuss, p. 133..

[100] *Libya : history*,
http://gbgm-umc.org/country_profiles/country_history.cfm?Id=71

[101] Biographie d'Ayman al-Zawahri :
http://www.fas.org/irp/world/para/ayman.htm

Frères Musulmans, l'organisation déplaça sa base d'opérations à Londres et à Genève. La base de Genève était sous le contrôle de Saïd Ramadan (1926 – 1995), marié à la fille d'al-Bannâ. Ramadan créa l'Institut des études islamiques et, sous son contrôle, Genève devint une base islamique majeure en Europe. Aujourd'hui, c'est là que le roi Fahd (v. 1923 – 2005) d'Arabie Saoudite fuit chaque fois qu'il sent que sa vie est en danger dans son royaume. L'histoire suivante illustre les relations intimes de Ramadan avec les organisations islamiques clandestines du monde entier :

Peu de temps après la révolution iranienne, un homme nommé Ali Akbar Tabatabai devint le représentant le plus important de l'opposition au régime de l'ayatollah. Sous le Chah, il avait travaillé comme conseiller en information à l'ambassade d'Iran à Washington D.C. et, après la chute du Chah, il avait établi la Fondation de la liberté en Iran. En juillet 1980, il fut assassiné par David Belfield, également connu sous le nom de Daoud Salahuddin. Belfield était un musulman noir qui faisait partie d'un gang lié à Bahram Nahidian qui passait pour être le chef des services secrets (Savama) de l'ayatollah à Washington D.C. Moins de deux heures après l'assassinat, Belfield passa un appel avec préavis à Saïd Ramadan à Genève, puis, à l'aide de différents passeports, il fuit les États-Unis à destination de la Suisse.[102]

Genève a toujours été une base utile pour les Frères Musulmans, mais son siège de Londres est devenu le plus important. Son responsable est Salem Azzam, un

---

[102] Dreyfuss, pp. 174-175.

parent d'Abdul Rahman Azzam. Comme mentionné précédemment, il devint secrétaire général du Conseil islamique de l'Europe, formé à Londres en 1973 en étroite collaboration avec Saïd Ramadan. Dreyfuss explique le rôle du Conseil : **« [Le Conseil] dirige l'Ikhwan [Confrérie] du Maroc au Pakistan et à l'Inde et contrôle des centaines de centres « religieux » en Europe occidentale et, à travers eux, des milliers d'étudiants fondamentalistes et le clergé musulman à la fois au Moyen-Orient et en Europe. »**[103]

En 1978, **l'Institut islamique de Technologie de Défense** (IITD) fut créé pour soutenir l'**» arc de crise »** de la révolution islamique. Le premier séminaire eut lieu à Londres en février 1979. L'Institut devait travailler main dans la main avec l'OTAN. Il était dirigé par Salem Azzam et les membres de son Conseil islamique de l'Europe. Le Pakistan et l'Afghanistan étaient en tête de l'ordre du jour et l'IITD fut chargé de coordonner les livraisons massives d'armes aux Frères Musulmans en lutte dans ces deux pays et au Moyen-Orient.[104]

Hors d'Égypte, les Frères Musulmans réussirent à créer un certain nombre d'organisations respectables et devinrent largement perçus comme une institution modérée qui avait renoncé à la violence. Mais, en Égypte, les Frères Musulmans demeuraient déterminés à renverser le régime et à installer un État islamique « pur » à sa place et ils utilisèrent le terrorisme comme

---

[103] Dreyfuss, p. 160.
[104] Dreyfuss, p. 164.

moyen de parvenir à cette fin.

Lorsque Sadate devint président de l'Égypte, en 1970, il mena campagne pour distancer son pays des politiques prosoviétiques de Nasser et se rapprocher de l'Occident. Au début, un de ses adversaires les plus redoutables dans cette tâche fut l'Union Socialiste Arabe. Sadate se réconcilia avec les Frères Musulmans pour faire pression sur les socialistes arabes et consolider son régime et, au cours de ses premières années au pouvoir, il libéra des centaines de Frères Musulmans.

Les Frères Musulmans ont eu jusqu'à présent huit guides suprêmes. Al-Bannâ dirigea l'organisation jusqu'à sa mort en 1949. Il fut remplacé par Hassan al-Hudaibi après une brève période de chaos en 1951, Al-Hudaibi la dirigea jusqu'à sa mort en 1976, même s'il fut souvent emprisonné sous Nasser. Il fut remplacé par Omar el-Telmisani. A la mort de celui-ci, en 1987, Hamid Abdul Nasr lui succéda. Talmisani et Nasr avaient tous deux été jetés en prison en 1954 au cours de la purge de Nasser contre l'organisation. Sadate libéra Talmisani en 1971 et Nasr en 1972. Mustafa Mashhour fut Guide suprême de 1996 jusqu'à sa mort le 14 novembre 2002. Maamoun al-Hudaibi, le fils du second Guide suprême, Hassan al-Hudaibi lui succéda. Le Guide suprême a toujours sa résidence et ses bureaux en Égypte, bien que la grande majorité des membres et la plupart de ses dirigeants soient installés à l'étranger. Pour l'essentiel, le Guide suprême est simplement une figure de proue et les opérations clandestines des Frères Musulmans sont dirigées depuis Londres et Genève.

Sadate chercha à se réconcilier avec les islamistes, même s'il savait qu'ils constituaient toujours une menace ; d'ailleurs, il ne fit jamais lever l'interdiction de la Confrérie. Cela n'empêcha pas la Confrérie de s'imposer bientôt comme une force politique.

Le *Takfir wal Hijra* est l'un des groupes les plus importants de la nébuleuse des Frères Musulmans. Fondé en 1971 par un ancien membre des Frères Musulmans, Chokri Ahmed Mustafa (1942 – 1978). Son existence fut rendue publique par le quotidien égyptien Al Ahram en 1975, après l'arrestation d'un certain nombre de ses membres. En 1977, ce groupe enleva un ancien ministre du culte, le cheikh Mohammed Hussein al-Dhahabi et exigea une rançon de 200,000 livres égyptiennes et la libération de soixante prisonniers. Le gouvernement égyptien refusa d'accéder à ses demandes et le cheikh fut retrouvé mort ; plusieurs attentats ciblés se produisirent dans la foulée. Le 8 juillet 1977, Mustafa, le leader du groupe, fut arrêté avec un certain nombre de ses partisans. Mustafa et quatre de ses lieutenants furent exécutés le 19 mars 1978, mais son organisation terroriste continua à exister.[105]

L'Organisation de Libération Islamique est une autre cellule terroriste créée par un ancien Frère musulman, le Dr Saleh Siriyya, agronome palestinien. En 1974, les membres de ce groupe essayèrent de s'emparer d'une école militaire ; ils y firent main basse sur des armes et se rendirent à une assemblée devant laquelle Sadate faisait un discours. Le plan échoua, onze personnes moururent et Siriyya fut capturé, puis

---

[105] Dietl, pp. 64-66.

exécuté.[106]

En 1974, les forces de sécurité découvrirent un autre groupe, le Parti de la Libération Islamique, fondé en Jordanie dans les années 1950 par le cheikh Taqiuddin al-Nabhani (1909 – 1977), Frère musulman et juge originaire de Haïfa. Ses activités visaient principalement Israël. Sadate fit arrêter et interroger les membres du groupe qui vivaient en Égypte.[107]

Les deux plus importantes organisations terroristes égyptiennes liées aux Frères Musulmans sont le *Jamaat al-Islamiyya* (le Groupe islamique) et le **Djihad Islamique Égyptien**, également connu sous le nom de **Djihad al-Djihad**. Les deux furent étroitement associés à l'assassinat de Sadate.

La *Jamaat al-Islamiyya* fut créée en 1971 pour lutter contre Sadate en raison de sa coopération avec Kadhafi. Elle était dirigée par un Frère musulman, le Dr Helmi al-Gazzar et, à l'origine, n'avait pas recours à la violence, faisant essentiellement du militantisme au sein des universités. Cela ne tarda pas à changer, à l'époque où un cheikh aveugle, le Dr Omar Ahmed Mohamed Abdel Rahman, s'imposa comme le leader de l'organisation.[108]

Le **Djihad Islamique** se fit connaître en 1977, lorsqu'Al Ahram rapporta que quatre-vingt membres de cette organisation de combat avaient été arrêtés. L'un

---

[106] Dietl, p. 66.
[107] Dietl, p. 67.
[108] Dietl, p. 67.

des membres du Djihad islamique à l'époque était Ayman al-Zaouahiri, un jeune homme des classes supérieures musulmanes apparenté aux Azzam. Sa grand-mère était la sœur de l'illustre Abdul Rahman Azzam et son oncle était Salem Azzam du Conseil islamique de l'Europe. Al-Zaouahiri avait d'abord été arrêté en 1966 à l'âge de 16 ans en raison de son affiliation aux Frères Musulmans et son militantisme ne fit que croître au fil des ans.

Au début de 1980, le gouvernement arrêta soixante-dix membres du Djihad islamique. Le procureur d'Égypte décrivit l'organisation comme un « groupe terroriste fanatique » et déclara qu'il était « financé par l'étranger et possédait des armes, des explosifs et du matériel technique ».[109] Cependant, les arrestations et les enquêtes ne réussirent pas à empêcher ses membres de passer de nouveau à l'action. Dietl écrit :

« Le Djihad fit à nouveau les manchettes le 6 octobre 1981, quand un commando sous la direction de Khaled Islambuli abattit Sadate. A la suite d'enquêtes difficiles au cours de l'été 1982, le Caire apprit que le Djihad islamique faisait partie de la grande entreprise familiale des Frères Musulmans. Les Frères Musulmans me l'ont confirmé. Dans le même temps, dans une déclaration unanime, le Djihad « condamna à mort » le successeur de Sadate, Moubarak. En septembre 1982, les trois dirigeants les plus importants du Djihad furent traqués et arrêtés. »[110]

---

[109] Dietl, p. 68, voir aussi la biographie de Zawahiri.
[110] Dietl, p. 68.

Deux ans seulement avant l'assassinat de Sadate, le Comité international des Frères Musulmans tint une réunion au sommet à Londres. Les dirigeants des Frères de l'Égypte, du Soudan, de la Jordanie, du Pakistan et de l'Afghanistan y participèrent ainsi que le chef des services secrets de l'Arabie Saoudite, pour discuter de ce qui venait d'être accompli au Pakistan et en Iran et de l'avenir de l'Afghanistan, de la Syrie et de l'Égypte.[111]

En Égypte, Sadate continuait d'essayer de se réconcilier avec les Frères Musulmans. En 1978, il les autorisa à distribuer de nouveau leur publication, *Al Dawa*. En 1979, il rencontra même à deux reprises le Guide suprême Omar el-Telmisani, mais rien de positif ne sortit du dialogue et les Frères Musulmans continuèrent à l'agresser verbalement dans leurs publications comme dans les mosquées. Enfin, quelques semaines avant l'assassinat de Sadate, el-Telmisani fut arrêté et la distribution d'*Al-Dawa* fut interdite.

Lorsque Sadate fut abattu, Kemal al-Sananiry était le représentant le plus éminent des Frères Musulmans en Égypte. Il fut arrêté et interrogé et mourut en prison quelques semaines plus tard. Le gouvernement déclara maladroitement qu'il s'était suicidé. Sa femme, Amina, rejeta cette explication. Elle était la fille de Saïd Qotb.

Le cheikh aveugle fut également arrêté, mais fut acquitté par la suite. Il avait encouragé les auteurs de l'assassinat, en jugeant que le gouvernement était dirigé par des athées et des hérétiques. Il leur avait également permis de voler pour financer leur cause et avait même

---

[111] Dietl, p. 61.

estimé qu'ils pourraient disposer des épouses des fonctionnaires du gouvernement, s'ils parvenaient à le renverser.[112] En 1993, il fut impliqué dans l'attentat du World Trade Center, jugé, reconnu coupable et condamné à la prison. Il purge toujours sa peine. Ses deux fils poursuivent le djihad en tant que membres d'Al-Qaïda et proches disciples d'Oussama ben Laden. Le Groupe islamique reconnaît toujours le cheikh Rahman comme le chef spirituel du Groupe islamique et ses membres ont juré de se venger de l'Amérique, si le cheikh diabétique meurt dans sa prison américaine.

Al-Zaouahiri fut également arrêté suite à l'assassinat de Sadate. Après avoir passé trois ans en prison, il fut libéré, après quoi il atteignit rapidement le sommet du Djihad islamique, qu'il dirige depuis 1993, époque à laquelle il établit des liens avec Oussama ben Laden au Soudan. Après avoir fui l'Égypte, il installa sa base d'opérations à Genève, où la succursale des Frères Musulmans qu'est le Centre islamique de Saïd Ramadan (avec qui Malcolm X correspondait quelques semaines avant d'être assassiné par Elijah Muhamamd des Black Muslims) sert de couverture à ses activités.[113] Al-Zaouahiri s'imposa comme le prétendu « numéro deux » de « l'organisation » Al-Qaïda. Son frère Mohamed al-Zaouahiri mène actuellement des attaques musulmanes contre la Serbie et la Macédoine. Les rapports indiquent qu'il travaille dans une région du Kosovo sous le contrôle de l'OTAN.[114] Les deux frères Azzam ont toujours maintenu leurs liens avec les Frères

---

[112] Dietl, p. 87.
[113] Bodansky, p. 101, p. 125.
[114] Bodansky, p. 298, rapport sur les Balkans.

Musulmans, malgré le fait qu'al-Zaouahiri ait publiquement critiqué les Frères pour n'avoir pas suffisamment soutenu la révolution en Égypte. Sa critique a été utile à la Confrérie, qui essaie de donner l'image d'un groupe « modéré ».

Un autre personnage important de « l'organisation » Al-Qaïda est le frère de l'assassin Khaled Islambuli, exécuté le 15 avril 1982, Impliqué dans l'assassinat de Sadate, Ahmad Chawki al-Islambuli quitta l'Égypte pour Karachi, où il contribua à mettre en place un réseau de contrebande. Plus tard, au Soudan, al-Islambuli travailla avec ben Laden à l'implantation d'une base militante en Somalie, puis, en 1998, il devint membre du **Front Islamique Mondial contre les Juifs et les Croisés** de ben Laden.[115]

La dernière-née des organisations liées aux Frères Musulmans est le groupe palestinien Hamas, qui se fit connaître en 1988 à la publication de son Pacte islamique par le cheikh Ahmed Yassine (1937 – 2004). Pendant un certain nombre d'années, il avait été le chef des Frères Musulmans à Gaza, où, en 1978, il avait fondé une association islamique appelée Al-Mujamma Al-Islami, qui peut être considérée comme l'ébauche du Hamas. Dans son Pacte islamique de 1988, le groupe se présenta clairement comme *« la branche palestinienne des Frères Musulmans. »*[116]

Dreyfuss résume le caractère de l'organisation des

---

[115] Bodansky, p. 13, p. 405.
[116] Les origines du Hamas:
http://www.fas.org/irp/world/para/docs/970824.htm

Frères Musulmans dans les paragraphes ci-dessous. Ces mots ont été écrits en 1980, mais ils n'ont rien perdu de leur justesse :

« La *vraie* Confrérie n'est pas le cheikh fanatique et ses disciples tout aussi fanatiques, ni même les grands mollahs et ayatollahs qui dirigent des mouvements entiers de fous comme eux ; Khomeiny, Kadhafi, le général Zia sont des marionnettes extrêmement bien conçues. Les vrais Frères Musulmans sont ceux qui ne se salissent jamais les mains. Ce sont les banquiers et les financiers réservés qui se tiennent dans les coulisses, les membres des vieilles familles arabes, turques, perses dont la généalogie les place dans l'élite oligarchique, en étroite relation d'affaires avec la « noblesse noire » européenne et, en particulier, l'oligarchie britannique, par l'intermédiaire des services de renseignement. Et les Frères Musulmans, c'est l'argent. La Confrérie contrôle probablement plusieurs dizaines de milliards de dollars d'actifs liquides et en contrôle des milliards d'autres à travers les opérations commerciales quotidiennes qu'elle réalise dans le pétrole, la banque, le trafic de drogue et d'armes et la contrebande d'or et de diamants. En s'alliant avec les Frères Musulmans, les Anglo-Américains n'investissent pas simplement dans un racket organisé par des terroristes à louer ; ils sont partenaires dans un puissant empire financier mondial qui va des comptes bancaires anonymes en Suisse à des paradis fiscaux comme Dubaï, le

Koweït et Hong Kong. »[117]

J'espère que le lecteur commence à saisir que le mouvement islamique radical est vraiment petit, que toutes les organisations qui en font partie sont étroitement liées entre elles et qu'elles dépendent toutes des Frères Musulmans. L'analyse de la carrière d'Oussama ben Laden permet de le comprendre encore mieux.

---

[117] Dreyfuss, pp. 164-165.

IV.   Oussama ben Laden : les jeunes années

Oussama, dix-septième fils du magnat yéménite de l'industrie du bâtiment Mohamed bin Awad bin Laden (1908 – 1967), naquit vers 1957. Au fil des ans, Mohamed était devenu un ami de confiance du roi Abdul Aziz et du roi Faysal d'Arabie Saoudite et son entreprise de construction fut choisie pour restaurer les lieux saints de La Mecque et de Médine, y compris la Grande Mosquée de La Mecque. Il obtint aussi le contrat de rénovation de la mosquée Al-Aqsa à Jérusalem en 1969.

A sa mort, en 1967, sa famille était devenue la plus riche d'Arabie Saoudite après la famille royale et sa succession échut à ses cinquante-quatre enfants. Son fils Salem prit la tête de l'entreprise, Bakr Abdelaziz, Ali Yahya et Yeslam jouant aussi un rôle prépondérant dans la direction de l'empire ben Laden. Ces héritiers ont toujours entretenu des relations étroites avec la famille royale saoudienne, dont ils ont formé beaucoup de jeunes princes aux subtilités de la finance et de l'industrie mondiale. Fahd ben Abdallah ben Mohammed al-Saoud et Nayef ben Abdelaziz al-Saoud sont deux des princes qui doivent leur statut actuel de magnats mondiaux aux frères ben Laden.[118] La famille royale saoudienne a toujours été en relation étroite avec les chefs de la famille ben Laden, ce qui n'est pas le cas pour certains des plus jeunes fils de Mohamed bin Laden.

---

[118] *Au nom d'Oussama Ben Laden...* Roland Jacquard, 2001, pp. 12-13.

Le 20 novembre 1979, la Grande Mosquée de La Mecque fut prise d'assaut par plusieurs centaines de militants, l'Imam assassiné et, dans le chaos qui s'en suivit, des milliers de fidèles piétinés à mort. Les militants prirent des centaines d'entre eux en otages et se terrèrent dans le vaste sous-sol de la mosquée. Les forces saoudiennes réagirent rapidement et organisèrent une contre-attaque, qui fut cependant facilement repoussée par les militants, bien armés et bien protégés. Pendant des jours, les rebelles tinrent tête aux forces gouvernementales, détruisant des tanks et un hélicoptère qui volait trop bas s'écrasa sur un minaret. Le roi Khaled se tourna vers le gouvernement français et les forces spéciales françaises arrivèrent avec des armes chimiques. La Grande Mosquée fut finalement libérée le 4 décembre. Pendant deux semaines, le sanctuaire le plus sacré de l'Islam avait été occupé par des intégristes radicaux. Des centaines de soldats et plus d'une centaine de rebelles furent tués ainsi que la plupart des otages. Le 9 janvier, soixante-trois des rebelles capturés furent exhibés sur les principales places de plusieurs villes d'Arabie Saoudite et décapités en public. Des centaines d'autres furent arrêtés et interrogés au cours de l'enquête.[119]

Parmi les personnes arrêtées se trouvait Mahrous ben Laden, fils du cheikh Mohammed ben Laden. Dans sa biographie de Oussama ben Laden, Jacquard écrit :

« Les terroristes avaient établi des contacts avec Mahrous plusieurs années auparavant, à l'époque où ce dernier étudiait à Londres et où il comptait,

---

[119] Dietl, pp. 211-227.

au nombre de ses amis, le fils d'un dignitaire du Sud Yémen dirigeant un groupe fondamentaliste très actif. A la suite de cette relation universitaire, Mahrous ben Laden s'était lié à un groupe d'activistes de Frères Musulmans syriens en exil en Arabie Saoudite. L'enquête des services secrets saoudiens révélera qu'en exploitant cyniquement ce réseau d'amitiés anciennes du jeune Mahrous, les terroristes avaient profité des camions du groupe Ben Laden pour organiser leur attaque, à l'insu du jeune homme... »[120]

La société de ben Laden était chargée des travaux de rénovation de la Grande Mosquée et ses camions étaient donc autorisés à aller et venir librement, sans être fouillés. Les terroristes avaient utilisé les camions pour faire passer clandestinement des armes, qu'ils avaient ensuite dissimulées à l'intérieur de la mosquée.

Mahrous fut déclaré innocent de toute participation à cette intrigue, mais son honneur resterait entaché à jamais et il savait qu'il ne pourrait jamais faire aussi bien que ses frères aînés. S'il avait appartenu à une autre famille, il est probable qu'il aurait été exécuté, ne serait-ce que pour avoir entretenu des relations avec certains des fondamentalistes liés aux terroristes. En fin de compte, ce fut la famille ben Laden elle-même qui arrangea les choses, car elle fournit aux autorités les plans de la mosquée, qui les aidèrent à planifier les attaques victorieuses contre les rebelles. L'affaire ne causa finalement pas grand tort à la famille ben Laden. Elle conserva sa réputation d'intégrité et ses relations

---

[120] Jacquard, pp.13-14.

étroites avec les Saoud.[121]

Oussama, l'un des plus jeunes fils de la famille ben Laden, eut toujours l'impression d'être un peu un outsider et, comme son frère Mahrous, il se tourna vers l'islam fondamentaliste. Adam Robinson, l'un de ses biographes, affirme que, dans son adolescence, Oussama menait une vie mondaine et ne se refusait rien, tout particulièrement à Beyrouth, de 1973 à 1975, lorsqu'il fréquentait l'école secondaire. D'autres, comme Jacquard, soutiennent que ce n'était pas le cas. Quoi qu'il en soit, il est clair qu'il embrassa inconditionnellement l'Islam à l'époque où il étudiait à l'Université King Abdul Aziz à Djeddah. Il s'y inscrivit en 1976 et, l'année suivante, il entreprit le hadj, le pèlerinage de deux semaines que tout musulman doit faire à La Mecque. Robinson écrit que, suite à cette expérience, Oussama ben Laden se laissa pousser la barbe et fit preuve d'une piété sincère. Ce que Robinson ne divulgue pas est que la conversion de ben Laden fut due au fait qu'il fréquentait alors les Frères Musulmans.

Mohammed Qotb, le frère de Saïd, « l'idéologue en chef » des Frères Musulmans exécuté en 1966, émigra en Arabie Saoudite pour échapper à la répression qui s'abattait sur la Confrérie en Égypte. Dans les années 1960, il accepta d'occuper différents postes de professeur au sein de plusieurs universités saoudiennes, pour accomplir la mission de la Confrérie. C'est au cours de son séjour en Arabie Saoudite que Mohammed Qotb conçut l'organisation maintenant connue sous le nom **d'Assemblée Mondiale de la Jeunesse**

[121] Jacquard, pp.13-14.

Musulmane (AMJM), qui devint réalité en 1972 grâce à des dons de la famille ben Laden. Omar ben Laden en fut à un moment le directeur exécutif et un autre des frères d'Oussama ben Laden, Abdullah, en fut le directeur.[122] Le FBI enquêtait sur l'AMJM jusqu'à ce que l'administration Bush interrompe l'enquête au début de son mandat en 2001. Le FBI la soupçonnait d'être une source de financement du terrorisme.

La perspective de l'AMJM sur l'islam est la même que celle que les mondialistes apprécient tant chez les Frères Musulmans : l'islam est menacé par l'Occident, doit rester méfiant à l'égard de la science et de la technologie et revenir à ses racines primitives. Le siège actuel de l'AMJM est à Riyad et elle a d'importants bureaux à Falls Church, en Virginie et à Londres. Selon le reporter Greg Palast, il y a plus de vingt organisations similaires en Grande-Bretagne.[123]

Pendant ses études à l'Université King Abdul Aziz à Djeddah, Oussama ben Laden se lia d'amitié avec Mohammed Qotb et fut introduit au sein des Frères Musulmans. Malise Ruthven, auteur d'*Islam in the World* et ancien rédacteur en chef du service arabe de la BBC, remarque que Qotb fut le « *mentor* » d'Oussama ben Laden durant cette période.[124]

Une autre figure importante dans la vie universitaire d'Oussama ben Laden fut un professeur du nom de

---

[122] Qutb - *personal correspondence with the Italian Muslim Association, Omar and Abdullah* – article.
[123] *The Guardian* article de Greg Palast.
[124] *The Guardian* article de Malise Ruthven.

cheikh Abdallah Youssouf Azzam. Rien à voir avec les Azzam égyptiens, Professeur de religion d'origine palestinienne, il était un membre actif des Frères Musulmans en Cisjordanie. Plus tard, il poursuivit ses études en Jordanie et à Damas, avant d'obtenir son doctorat en jurisprudence islamique à l'Université Al-Azhar en 1973. Au Caire, il rencontra la famille de Saïd Qotb et fut « *entraîné dans les rangs des militants islamistes égyptiens* ».[125] Peu de temps après, il s'installa en Arabie Saoudite, après avoir été invité à enseigner à l'Université King Abdul Aziz, où il fit la connaissance de Mohammed Qotb. Oussama ben Laden suivait les cours d'Azzam et était très attiré par son idéologie militante. La célèbre devise d'Azzam était la suivante :

« Le Djihad et le fusil et rien que le Djihad et le fusil : aucune négociation, aucune conférence et aucun dialogue. »[126]

En 1979, le Dr Azzam quitta l'Arabie Saoudite et ce fut l'un des premiers Arabes à rejoindre le djihad afghan. Il était le principal représentant saoudien/palestinien des Frères Musulmans. Le jeune homme de 22 ans qu'était alors Oussama Ben Laden le rejoignit peu après et, ensemble, ils créèrent le ***Maktab al-Khidamat***, MAK, ou Bureau des Services Moudjahidin, à Peshawar. Leur organisation s'associa aux Frères Musulmans du Pakistan, la ***Jamaat-e-Islami***. Le MAK s'employa à recruter des combattants prêts à rejoindre le djihad et, à la fin des années 1980, le MAK, aussi connu sous le

---

[125] *Bin Laden: The Man Who Declared War on America*, Yossef Bodansky, 1999 p. 11.
[126] Bodansky, p. 11.

nom d'Organisation Al Kifah, avait des branches dans une cinquantaine de pays. Le réseau des Frères Musulmans, grâce à l'argent de la famille ben Laden, fit du MAK une énorme réussite.

Des militants du monde entier affluèrent en Afghanistan, mais Azzam et ben Laden se rendirent compte que la plupart des moudjahidin potentiels n'avaient pas la formation et l'armement nécessaires pour la campagne afghane. Pour y remédier, Ils créèrent la base centrale de *Masadat 'Al-Ansar* à Peshawar, à la fois centre d'entraînement et entrepôt d'armes, pour aider les milliers d'Arabes qui viendraient mener le djihad en Afghanistan.[127] *Al-Qaïda* (la base) était née. Le Dr Saad al-Faqih fut l'un des nombreux Saoudiens qui passèrent par la base de Peshawar. Dans une interview à PBS, il expliqua comment Al-Qaïda s'était formée et qu'elle n'était pas destinée à devenir l'organisation terroriste d'Oussama ben Laden :

« Eh bien, ça me fait [vraiment] rire, quand j'entends le FBI décrire Al-Qaïda comme l'organisation de Ben Laden … [C'est vraiment une] histoire très simple. Si Ben Laden devait recevoir des Arabes d'Arabie Saoudite et du Koweït – et d'autres pays – il [devait] les recevoir dans le centre d'accueil de Peshawar. Ils allaient se battre et revenaient, sans avoir été inscrits sur un registre… Ni les arrivées ni les départs n'étaient répertoriés… La durée du séjour non plus… Ils étaient tous [bien accueillis]. Vous allez là, sur tel ou tel champ de bataille… Bon, Il était harcelé par

---

[127] Bodansky, p. 12.

de nombreuses familles, qui l'appelaient pour savoir ce qui était arrivé à leur fils. Il ne sait pas. Parce qu'il n'y a pas de dossier. Il n'y a pas de registre. Bon, il demanda à certains de ses collaborateurs de consigner les allées et venues de tous les Arabes qui rejoignaient ses rangs... Il est établi [qu'ils] sont arrivés à telle date et ont logé ici ou là... Beaucoup d'entre eux n'étaient venus que pour deux semaines, trois semaines, puis ils disparurent. Ce fichier s'appelait le registre d'Al-Qaïda. C'était ça, Al-Qaïda. Al-Qaïda n'avait rien de sinistre. Ça n'avait rien d'une organisation... Je ne pense pas qu'il ait donné un nom à son groupe clandestin. Si vous voulez lui donner un nom, vous pouvez l'appeler le « groupe ben Laden ». Bon, ils utilisent le terme Al-Qaïda... Al-Qaïda est tout simplement le nom du registre sur lequel étaient répertoriés ceux qui venaient à Peshawar et faisaient l'aller-retour entre le théâtre des opérations et le centre d'accueil. Avant de retourner dans leur pays. »[128]

C'est essentiellement du Pakistan que ben Laden mena la guerre en Afghanistan et il y joua surtout un rôle de bailleur de fonds et d'organisateur, même s'il s'y rendit plusieurs fois avec son mentor, le cheikh Azzam, « l'Émir du Djihad », qui venait y faire des discours enflammés pour remonter le moral des guerriers moudjahidin. En Afghanistan, les ressources d'entrepreneur en bâtiment de ben Laden furent aussi mises à contribution et il lui arriva plus d'une fois d'y envoyer des équipements lourds pour fortifier les

---

[128] Al-Fagih interview.

bastions moudjahidin et réparer les voies de ravitaillement. La question reste posée de savoir si ou non ben Laden et Azzam ont participé à des combats en première ligne. En tout cas, tous deux ont été mythifiés comme des guerriers actifs et courageux.

Au cours des années que ben Laden passa en Afghanistan, le MAK noua des liens étroits avec le seigneur de guerre pachtoune et Frère Musulman Hekmatyar. Azzam et Hekmatyar étaient tous deux hostiles à l'égard des États-Unis, l'anti-américanisme de Hekmatyar était cependant plus prononcé, même si l'on estime que son groupe, le ***Hezb-e-Islami Gulbuddin***, reçut jusqu'à 40% de l'aide américaine acheminée vers les moudjahidin par la CIA et l'ISI.[129] Au cours des années 1980, Azzam voyagea aux États-Unis pour y rencontrer des groupes musulmans américains, collecter des fonds et recruter des combattants pour le djihad. Il établit de grands centres Al Kifah à Atlanta, Boston, Chicago, New York, Jersey City, Pittsburgh, Tucson et de petites branches dans trente autres villes américaines.[130] De cette façon, le message des Frères Musulmans militants était disséminé à travers les États-Unis et le djihad faisait des adeptes.

Selon le journaliste pakistanais respecté Ahmed Rashid, la guerre en Afghanistan s'intensifia en 1986, lorsque la CIA prit trois décisions stratégiques.[131] Tout d'abord, fournir aux moudjahidin des missiles Stinger de

[129] Jacquard, p. 57.
[130] Al Kifah article.
[131] *Islam in Central Asia: Afghanistan and Pakistan*, Ahmed Rashid, pp. 213-214.

fabrication américaine. Au plus fort de la guerre, on estime que les moudjahidin abattaient en moyenne 1,5 avions afghans soviétiques par jour. La deuxième décision, qui avait pour inspirateurs les services secrets britanniques et l'ISI, fut de lancer des attaques de guérilla dans les territoires soviétiques du Tadjikistan et de l'Ouzbékistan. Comme on pouvait s'y attendre, la mission fut confiée aux forces d'Hekmatyar, qui remportèrent un succès symbolique, auquel les Soviétiques répondirent en larguant des bombes incendiaires dans tous les villages voisins. La CIA, jugeant ce type d'opération contre-productif, y mit un terme. Troisièmement, la CIA commença à soutenir l'initiative arabe de recruter des guerriers du djihad dans le monde entier. Rashid décrit la conduite de cette campagne de recrutement :

« Le Pakistan avait donné des instructions permanentes à l'ensemble de ses ambassades à l'étranger pour qu'elles délivrent des visas, sans poser de questions, à tous ceux qui voulaient venir se battre avec les *moudjahidin*. Dans le Moyen-Orient, Ikhwan ul Muslimeen (les Frères Musulmans), la Ligue mondiale musulmane et les Extrémistes islamiques palestiniens organisèrent le recrutement et mirent les recrues en contact avec l'ISI. L'ISI et le parti pakistanais Jamaat-e-Islami mirent en place des comités pour accueillir, loger et former les militants étrangers. Ensuite, ils invitèrent les militants à se joindre à des groupes de moudjahidin, habituellement le Hezb-e-Islami Gulbuddin. Cette entreprise était, dans une grande mesure, financée directement par les services secrets de l'Arabie Saoudite et les fonds étaient en

partie acheminés par l'extrémiste arabe Oussama ben Laden, alors installé à Peshawar. A l'époque, Olivier Roy décrit l'entreprise comme <u>une joint-venture mise en place par l'ISI entre les Saoudiens, les Frères Musulmans et le Jamaat-e-Islami.</u> »[132]

Ces trois décisions provoquèrent une escalade du conflit et firent clairement comprendre à Gorbatchev que son pays menait une guerre qu'il ne pourrait jamais gagner. Le 14 avril 1988, les Accords de Genève furent signés ; ils exigeaient un retrait des troupes soviétiques d'Afghanistan. Au début de 1989, l'armée soviétique avait quitté l'Afghanistan, non sans avoir installé à Kaboul un régime résolument communiste et bien armé.

L'aide américaine aux moudjahidin cessa presque complètement après la signature des Accords de Genève. Les Soviétiques partaient et l'Occident se félicitait d'avoir remporté la victoire. Pour les États-Unis, la guerre était finie et la CIA ne voulait pas participer à la création d'un régime islamique afghan qui serait sans aucun doute anti-américain. En conséquence, Hekmatyar, Azzam, ben Laden et les chefs de guerre islamiques se sentirent trahis et instrumentalisés.

Les moudjahidin subirent un revers cuisant le 17 août 1988, lorsque le C-130 qui transportait le général Muhammad Zia-ul-Haq, mentor des moudjahidin, s'écrasa quelques minutes après son décollage de l'aéroport de Bahawalpur. Outre le général, un certain nombre de généraux et l'ambassadeur américain étaient

---

[132] Rashid, p. 214.

au nombre des tués. En novembre, Benazir Bhutto, fille de Zulfikar Bhutto, exécuté par le général Zia, fut élue Premier ministre. Elle mit en place des politiques hostiles aux fondamentalistes et aux seigneurs de la guerre, notamment des lois conçues pour réprimer le trafic de drogue.

En mars 1989, les moudjahidin furent convaincus par des conseillers saoudiens et de l'ISI de lancer une attaque à grande échelle sur le bastion communiste de Djalalabad. Ils leur avaient expliqué que la prise de Djalalabad permettrait aux forces du président Najibullah de libérer rapidement l'Afghanistan. L'assaut s'avéra l'un des plus grands désastres qu'aient jamais essuyé les moudjahidin: car la ville était bien défendue et protégée par une armée de vétérans qui comprenait un important contingent d'artillerie. Des milliers de moudjahidin furent tués.

A Peshawar, ben Laden et Azzam réagirent avec fureur. Ils firent des déclarations officielles accusant le Pakistan et l'Arabie Saoudite de faire partie d'un perfide complot américain. Ce fut la première fois que ben Laden exprima en public son ressentiment croissant envers le régime résolument pro-américain de son pays.[133]

L'assassinat de son ami, de celui qui faisait figure de père pour lui, le cheikh Abdallah Azzam, quelques mois plus tard, le marqua encore plus profondément. Le récit du décès de cet homme par un site Web musulman lui a donné une dimension mythique :

---

[133] *Bin Laden: Behind the Mask of the Terrorist*, Adam Robinson, 2001, p. 112.

« Le vendredi 24 novembre 1989 à Peshawar, au Pakistan, il fut tué en même temps que ses deux fils, Mohammed et Ibrahim, par 20 kg de TNT activé par télécommande, alors qu'il se rendait à la prière du vendredi (Jumma). Sa voiture fut pulvérisée dans une rue très fréquentée. L'explosion fut si puissante que des fragments des corps de ses fils furent retrouvés à une centaine de mètres du carnage. L'une des jambes de son fils fut retrouvée suspendue à un câble téléphonique aérien. Néanmoins, gloire à Allah, le Cheikh fut retrouvé parfaitement intact, à l'exception de l'hémorragie interne qui causa sa mort. Maintes personnes présentes confirmeront l'odeur de musc qui émanait de son corps. »[134]

À ses débuts, le cheikh Azzam avait contribué à créer l'organisation palestinienne qui prit ensuite le nom de Hamas. Aujourd'hui, la branche militaire du Hamas en Cisjordanie est officiellement connue sous le nom de **Brigades Abdallah Azzam**.[135] A Londres, l'**Organisation Azzam** fut fondée en son nom et sa filiale Azzam Publications (www.azzam.com) se décrit comme « *un média indépendant offrant des nouvelles et des informations authentiques sur le Djihad et les moudjahidin dans le monde entier* ». Le site ferma après le 11 septembre 2001.[136]

À la fin de 1989, Oussama ben Laden retourna en Arabie Saoudite. Il y fut accueilli comme une célébrité

---

[134] Biographie d'Abdullah Azzam.
[135] Article d'Abdullah Azzam.
[136] *Radical Islam in the UK*, rapport.

et un héros, mais il éprouvait toujours de l'amertume à propos des luttes intestines qui dévoraient l'Afghanistan et était cynique envers la famille des Saoud. Il se retourna vers sa famille et il occupa brièvement un emploi dans l'entreprise de construction routière des ben Laden. A 32 ans, il était presque un vétéran de la guerre d'Afghanistan, mais son djihad ne faisait que commencer. Les Frères Musulmans avaient encore des projets pour lui.

V. Ben Laden en exil

L e 2 août 1990, l'Irak envahit le Koweït et la vie tranquille que ben Laden menait depuis son retour en Arabie Saoudite en fut bouleversée. Soudain, il dut répondre à une nouvelle menace et entreprendre une nouvelle mission. Le jour de l'invasion, ben Laden partit de son domicile de Djeddah pour se rendre en jet privé à Riyad. Il alla directement aux bureaux du roi Fahd et fut accueilli par le prince Sultan. Il remit au prince un mémorandum d'une dizaine de pages manuscrites, dans lequel il proposait de lever une armée de dix mille anciens combattants moudjahidin aguerris pour renforcer l'armée saoudienne, libérer le Koweït et en chasser l'armée de Saddam Hussein. Robinson décrit la situation :

« Des membres de sa famille se souviennent que, dans les jours suivants, Oussama ne quitta pas son téléphone portable, car il s'attendait à une réponse du roi Fahd. Il appela le bureau du monarque à plusieurs reprises, contacta plusieurs de ses collaborateurs pour réitérer son offre, envoya plusieurs fax et chargea des membres de son personnel de déposer des copies de ses lettres au bureau du roi. Pendant ce temps, il travaillait jour et nuit dans son bureau à rassembler ses forces, à les mobiliser en vue de l'action, convaincu qu'elles seraient essentielles pour gagner la guerre qui l'attendait. Mais, le 7 août, il reçut un camouflet qui le dévore et le courrouce depuis. »[137]

---

[137] *Bin Laden: Behind the Mask of the Terrorist*, Adam Robinson, 2001, p. 130.

Ce jour-là, il fut annoncé que le roi Fahd avait accepté de permettre à une coalition de forces dirigées par les Américains d'occuper le territoire de l'Arabie Saoudite pour protéger son régime et se préparer à libérer le Koweït. L'administration Bush avait fait paniquer le roi Fahd au moyen de *rapports* contenant des photos satellite montrant les forces de Saddam Hussein massées à la frontière en vue d'envahir l'Arabie Saoudite. Les rapports étaient entièrement faux, les photos satellite truquées et la menace une pure invention. L'Irak n'avait pas l'intention d'envahir l'Arabie Saoudite, comme le régime irakien tentait de le faire comprendre par la voie diplomatique et les médias internationaux. Néanmoins, le roi Fahd, apeuré, s'imagina que son régime était en danger et autorisa les États-Unis à masser des troupes en Arabie Saoudite pour préparer l'opération Tempête du Désert.[138]

Oussama ben Laden, avec les dirigeants du mouvement islamique en Arabie Saoudite et dans le monde, considéra cette occupation étrangère des lieux saints musulmans comme une abomination. Bodansky décrit le problème rencontré par le roi Fahd :

« Au début du mois d'août 1990, le roi Fahd demanda aux *oulémas* – les principaux leaders religieux du pays – d'approuver le déploiement des forces américaines. « Les oulémas étaient tous catégoriquement opposés à cette idée », selon un responsable saoudien cité dans une étude de l'érudit saoudien exilé Nawaf Obaid : « ce n'est qu'après de longues discussions avec le roi que, à

---

[138] *"Questions About the Supposed Iraqi Threat to Saudi Arabia in 1990,"* article.

contrecœur, le Grand Mufti, Abd al-Aziz ibn Abd Allah ibn Baaz, donna son approbation, à condition que la preuve solide d'une menace [irakienne] soit apportée »... La nouvelle de ce conflit entre la Cour et les oulémas se répandit comme une traînée de poudre dans les milieux islamiques de l'Arabie Saoudite. »[139]

Voici ce que ben Laden déclara à propos du roi Fahd dans une interview en 1998 :

« Tout gouvernement qui vend les intérêts de son peuple et trahit son peuple et prend des mesures qui l'excluent de la nation musulmane est condamné à l'échec. Nous annonçons que le dirigeant de Riyad et ceux qui, comme lui, sont aux côtés des juifs et des chrétiens, que ce soient des Américains ou d'autres, s'écrouleront. Ils ont abandonné la nation musulmane. Nous annonçons que, comme la famille royale iranienne, le Chah, ils seront anéantis et disparaîtront. Après que Allah les a rendus propriétaires des terres les plus saintes et leur a donné une richesse inconnue auparavant, grâce au pétrole, ils continuent à pécher et ne valorisent pas le don d'Allah. Nous annonçons leur destruction et leur anéantissement... »[140]

L'Opération Tempête du désert prit fin le 28 février 1991, mais, comme l'occupation étrangère continuait, ben Laden ne cessa pas de critiquer ouvertement le régime saoudien. Il faisait des discours lors de réunions

---

[139] Bodansky, p. 130.
[140] Robinson, p. 131.

et dans les mosquées et, en conséquence, il commença à être étroitement surveillé par la police secrète saoudienne. Ben Laden finit par recevoir des menaces et Robinson écrit que certains de ses parents se rappellent qu'il lui arriva même d'être cerné et passé à tabac par un groupe de « jeunes » (peut-être des agents des services secrets saoudiens) pour avoir critiqué le gouvernement.[141] Ben Laden commença à se rendre compte qu'il n'était pas le bienvenu dans son pays d'origine et qu'il serait mieux en mesure de poursuivre ses objectifs à l'étranger. En avril 1991, il réussit à quitter l'Arabie Saoudite en prétextant la signature d'un contrat d'affaires au Pakistan. Il n'avait pas l'intention d'y revenir.

Ben Laden passa environ huit mois au Pakistan et en Afghanistan, mais, même là-bas, il ne se sentit pas complètement libre. Le gouvernement pakistanais n'était pas particulièrement favorable aux islamistes à cette époque et ben Laden eut vent de la rumeur que les services secrets saoudiens collaboraient avec l'ISI pour l'arrêter et le ramener en Arabie Saoudite. Ses relations étroites avec Hekmatyar posaient aussi un problème, parce que Hekmatyar avait provoqué la colère des Saoudiens par son soutien marqué à Saddam Hussein lors de l'opération Tempête du Désert. Dans tout le Moyen-Orient, les islamistes reculaient. L'Afghanistan était en pleine guerre civile, l'Arabie Saoudite et le Pakistan les réprimaient, l'Égypte aussi et l'Iran était chiite et hostile aux sunnites. En conséquence, beaucoup des islamistes les plus fanatiques se réfugièrent à Londres, où ils furent toujours bien

141 Robinson, p. 132.

accueillis, ou dans la toute jeune République islamique du Soudan, où Ben Laden fut invité.

Le Soudan devint le bastion officiel de l'intégrisme islamique à partir du 30 juin 1989, lorsque le général Omar Hassan Ahmed el-Bechir prit le pouvoir par un coup d'État militaire. En août, quelques mois plus tard, le rôle du Soudan fut confirmé lors d'une réunion de la Confrérie internationale musulmane à Londres. Le délégué du Soudan était un homme du nom d'Hassan al-Tourabi. Il s'imposerait comme le véritable homme fort du Soudan et comme le mentor d'Oussama ben Laden.

Hassan al-Tourabi, né en 1932, avait été éduqué dans des écoles de langue anglaise au Soudan et endoctriné dans l'islam par son père. Il obtint un diplôme en droit au Gordon College de Khartoum en 1955 et c'est vers cette époque qu'il rejoignit les Frères Musulmans. Boursier à l'Université de Londres, il y obtint une maîtrise en droit. Al-Tourabi fréquenta ensuite la Sorbonne, où il obtint son doctorat en 1964. De retour au Soudan, il apparut comme le leader intellectuel, le porte-parole du mouvement islamique et le chef de la branche soudanaise des Frères Musulmans. Il est surnommé le pape noir de l'Afrique.[142]

Lors de la réunion des Frères Musulmans à Londres en 1989, il fut décidé que le Soudan serait la nouvelle base du mouvement islamique et un Conseil de direction des Frères Musulmans de dix-neuf membres fut ensuite établi à Khartoum sous la présidence d'al-Tourabi. Ce

---

[142] Bodansky, p. 32.

conseil contribua à réorganiser le mouvement islamique à la suite de la guerre soviéto-afghane et, en avril 1991, une Conférence populaire arabo-islamique eut lieu à Khartoum. C'était un congrès d'islamistes et de groupes terroristes du monde entier. Il permit de créer l'**Organisation Internationale Populaire**. L'OIP établit ensuite à Khartoum un autre conseil, d'une cinquantaine de membres, représentant chacun un pays engagé dans le combat islamique.[143]

La Confrérie internationale musulmane ne se contente pas de créer des conseils à n'en plus finir. Elle contrôle également la Légion Internationale de l'Islam, ou Légion Islamique, qui apparut au cours des années 1980 et est implantée principalement au Pakistan, en Afghanistan et aussi à Téhéran. Dans les années 1990, la Légion islamique fonctionnait fort efficacement depuis Khartoum. La Légion Islamique est tout simplement un réseau officieux d'organisations militaires visant à coordonner le djihad mondial. Bodansky, directeur du Groupe de travail du Congrès sur le terrorisme et la guerre non conventionnelle et auteur de la biographie de ben Laden souvent citée dans cette étude, appelle la Légion Islamique le **Mouvement Islamique Armé**.

Le mouvement islamique subit un terrible revers le 5 juillet 1991, lorsque la **Banque de Crédit et de Commerce international** fut finalement fermée par la Banque d'Angleterre. Elle avait été un élément important du réseau financier du mouvement islamique mondial. Pour que le mouvement puisse exploiter tout

---

[143] Bodansky, p. 36.

son potentiel, ses dirigeants savaient qu'un nouveau réseau financier devait être mis en place. C'est peut-être une des raisons pour lesquelles ben Laden fut invité au Soudan, car ben Laden était marié à la sœur de Khalid Bin Mahfouz. Les auteurs de *« Ben Laden : La Vérité interdite »* (p. 289) décrivent ainsi Mahfouz :

« Entre 1986 et 1990, Khalid Salim Bin Mahfouz a été l'un des principaux dirigeants de la BCCI, dont il fut le directeur opérationnel. Sa famille détenait environ 20 % du capital de la banque. Khalid Bin Mahfouz a été inculpé aux États-Unis en 1992 pour fraude fiscale dans le cadre de l'affaire de la BCCI, En 1995, tenu pour solidairement responsable de la faillite de la BCCI, il a accepté une transaction consistant dans le versement d'une amende de 245 millions de dollars aux créanciers de la banque, [ce qui leur permit d'indemniser une partie des clients de la banque. Les charges retenues contre la banque étaient le détournement de fonds et la violation des lois bancaires américaines, luxembourgeoises et britanniques]. »[144]

En 1999, le Parlement français créa une Commission d'enquête sur le blanchiment d'argent dans le monde. Après avoir rendu public ses rapports sur le Liechtenstein, Monaco et la Suisse, elle rendit, le 10 octobre 2001, la conclusion de ses enquêtes approfondies sur le système bancaire de la Grande-Bretagne : **« La City de Londres... (est) très attrayante pour les blanchisseurs d'argent sale »** et

---

[144] *Forbidden Truth*, Jean-Charles Brisard and Guillaume Dasquie, 2002, p. 117.

Gibraltar et les dépendances de la Couronne sont « la fine fleur des paradis financiers spécialistes de l'offshore. »

Un appendice de 70 pages à ce rapport de 400 pages, intitulé « **L'environnement économique d'Oussama ben Laden** », portait spécifiquement sur le réseau financier londonien d'Oussama ben Laden. Le rapport conclut qu'une quarantaine de banques, d'entreprises (dont des organisations à Londres, Oxford, Cheltenham, Cambridge et Leeds) et de particuliers britanniques ont été associés à ce réseau. En présentant le rapport à l'Assemblée Nationale, le député Arnaud de Montebourg déclara : *« Tony Blair et son gouvernement prêchent la lutte contre le terrorisme de par le monde. Ils devraient plutôt la prêcher à ses propres banquiers en les obligeant à identifier l'argent sale… Même les Suisses coopèrent davantage que les anglais. »*[145]

L'auteur, Jean-Charles Brisard, propose cette conclusion dans son livre *La vérité interdite* :

« Le réseau financier identifié autour d'Oussama ben Laden et de ses investissements, correspond dans son architecture générale au réseau mis en place dans les années 80 par la BCCI pour ses opérations frauduleuses, avec bien souvent des acteurs similaires (anciens dirigeants ou cadres de la banque et de ses filiales, marchands d'armes et de pétrole, investisseurs saoudiens et parfois des structures (NCB, Attock, BAII).

L'étude relève la survie des réseaux de financement de

---

[145] *"UK is money launderers' paradise,"* BBC News article.

la BCCI en dépit de l'appui parallèle dont bénéficie Oussama Bin Laden de la part des mouvements politiques ou terroristes de la mouvance islamiste. La convergence des intérêts financiers et terroristes, réalisée notamment en Grande-Bretagne et au Soudan, ne semble pas avoir constitué un obstacle par rapport aux objectifs poursuivis. La conjonction d'un réseau terroriste adossé à une vaste structure de financement est le trait dominant des opérations conduites par Oussama Bin Laden. »[146]

Et maintenant, je vais vous présenter une thèse sur laquelle nous reviendrons souvent dans le reste de cette étude. Tout simplement, Oussama ben Laden n'est pas le chef de ce réseau financier secret, ténébreux, qui fait surface de temps en temps comme source de financement des activités terroristes de ben Laden. Oussama ben Laden n'est pas et n'a jamais été le chef du mouvement islamique international, qui, en réalité, est dirigé par la Confrérie Internationale des Frères Musulmans. Oussama ben Laden a été utilisé efficacement comme *figure de proue* de la branche militante de la Confrérie pour assumer la responsabilité des atrocités commises par celle-ci, mais il n'est pas le *cerveau* de toute l'opération, ni même des opérations qu'on lui demande de mener.

De la même manière, les Frères Musulmans sont instrumentalisés par les mondialistes, dont l'objectif principal est de renverser l'ordre mondial établi et de créer un système de gouvernance mondiale. Cette seconde thèse, plus extraordinaire encore, sera

---

[146] Brisard et Dasquie, pp. 184-185.

présentée plus tard.

La confrérie internationale des Frères Musulmans avait utilisé la BCCI pour financer ses activités. A sa fermeture, en juillet 1991, après que les islamistes eurent tenu au Soudan les réunions au sommet qui ont été évoquées plus haut, ils appelèrent Oussama ben Laden à la rescousse, pour les aider à organiser la reconstruction du réseau Ben Laden s'était forgé une réputation d'excellent organisateur au cours des années qu'il avait passées à diriger le MAK à Peshawar et donc il était l'homme de la situation et les relations étroites qu'ils entretenaient avec son beau-frère Khalid Bin Mahfouz, étaient un avantage supplémentaire. Mahfouz connaissait le système bancaire britannique comme sa poche et savait exactement à quelles banques et à quels banquiers britanniques il pouvait faire confiance pour reconstruire le réseau secret presque en toute légalité. Robinson écrit à propos de la résurrection de ce réseau, qui doit beaucoup aux talents d'organisateur de ben Laden :

« Au bout de quelques mois, Oussama dévoila à un al-Tourabi étonné ce qu'il appelait le Groupe de la Fraternité. C'était un réseau de 134 hommes d'affaires arabes dont les intérêts, mis bout à bout, formaient un empire commercial qui s'étendait dans le monde entier. Ils avaient des comptes bancaires dans presque tous les pays et, collectivement, ils déplaçaient régulièrement des milliards de dollars dans le cadre de leurs activités légales. C'était la devanture idéale. Le Groupe de la Fraternité en vint à être utilisé par des groupes terroristes dans le monde entier. Oussama était la

coqueluche de son secteur. »[147]

Ben Laden contribua aussi à dynamiser l'industrie bancaire du Soudan, où il investit cinquante millions de dollars pour exploiter la Shamal Islamic Bank El Khartoum. C'était la banque de ben Laden, qu'il détenait en partenariat avec le **Front National Islamique** du Soudan, la branche soudanaise de la Confrérie internationale musulmane.

Après avoir aidé les Frères Musulmans à reconstruire leur réseau financier, ben Laden fut retenu au Soudan par des projets liés à sa profession d'entrepreneur. Une entreprise fut créée conjointement par ben Laden, l'armée soudanaise et le Front national islamique du Soudan. Elle s'appelait **Al-Hijra for Construction and Developpement Ltd**. De grands projets furent entrepris, dont le développement de Port Soudan par la construction d'un aéroport et d'une autoroute à quatre voies de 1050 km jusqu'à Khartoum, l'élargissement du Nil Bleu et la construction du barrage de Rosaires. Les lignes de chemin de fer furent améliorées, plusieurs petits aéroports construits et les routes goudronnées dans tout le pays.[148]

Alors que ben Laden était en train de construire l'infrastructure du Soudan, la Confrérie Internationale Musulmane se préparait à affronter l'armée américaine en Somalie. Bien que l'intention d'engager des forces américaines en Somalie pour des « raisons humanitaires » ne fût pas rendue publique avant la fin

---

[147] Robinson, p. 139 voir aussi Bodansky, p. 43.
[148] Bodansky, p. 46, Robinson, pp. 139-140.

de 1992, il semble que la Confrérie internationale musulmane ait anticipé l'intervention américaine dès la chute du gouvernement somalien, en janvier 1992. Il semble aussi que tout avait été prévu pour que l'armée américaine affronte les islamistes en Somalie et que sa mission échoue.

Comme il a été mentionné précédemment, le Soudan annonça son intention de devenir une base militaire de la Confrérie internationale musulmane à la réunion de 1989 à Londres. Dans les semaines suivantes, des organisations telles que celle d'Abou Nidal, le Hamas et le Hezbollah iranien au Liban établirent des bureaux à Khartoum. Peu de temps après, des camps d'entraînement furent ouverts et ben Laden y fut invité. A la fin de 1991, l'Iran et le Soudan formèrent une alliance stratégique. Cette coopération entre fondamentalistes chiites et sunnites attira immédiatement l'attention des régimes égyptien et saoudien et il fut entendu que le Soudan était en train de devenir une menace.

Al-Tourabi fit alors la tournée des capitales occidentales. Selon Jacquard, en 1992, il se rendit à Londres, où il fut invité à **l'Institut Royal des Affaires Internationales**. C'est le siège des mondialistes britanniques et l'organisation mère du **Council on Foreign Relations**. Après cette visite, il fit un voyage aux États-Unis, où il fut reçu officiellement à Washington.[149] De retour au Soudan, al-Tourabi établit des relations avec le seigneur de guerre somalien Mohamed Farrah Aidid. Bodansky explique :

---

[149] Jacquard, p. 32.

« Les terroristes somaliens reçurent de l'équipement et des armes pour les milices qu'ils devaient former et encadrer. Certaines de ces milices étaient sorties tout droit des rangs des principaux partis somaliens, tandis que d'autres étaient totalement indépendantes, ne répondant qu'à Khartoum... Téhéran, qui contrôlait et finançait ces terroristes somaliens via le Soudan, prévoyait de les utiliser contre les États-Unis, de la même façon que Téhéran, avec la Syrie, avait utilisé le Hezbollah contre les Casques bleus américains à Beyrouth au début des années 1980. »[150]

À la fin de 1992, la Confrérie internationale musulmane demanda au cheikh Tarek al-Fadli de quitter Londres, où il vivait confortablement, pour revenir au Yémen, afin d'organiser une cellule terroriste contre les forces américaines qui devaient bientôt y séjourner avant d'aller en Somalie. Ben Laden avait rencontré al-Fadli en Afghanistan et, en tout cas, contribua à mettre le cheikh en contact avec les milliers de Yéménites « afghans » qui étaient rentrés chez eux. Al-Fadli entra clandestinement au Yémen « à la mi-novembre », selon Bodansky, alors que l'administration Clinton ne révéla son intention d'engager des forces américaines en Somalie que le 28 novembre. »[151]

Les forces américaines débarquèrent sur les plages somaliennes le 9 décembre 1992, ridiculement filmées

---

[150] Bodansky, p. 43.
[151] Bodansky, p. 71.

par les hordes de médias internationaux qui les y attendaient de pied ferme. La majorité des citoyens américains, particulièrement les militaires, se demandaient pourquoi diable l'armée américaine essayait de faire respecter l'ordre dans un pays islamique chaotique et ingrat comme la Somalie.

L'opération apparut d'abord comme un succès et l'aide humanitaire fut autorisée à y être acheminée. Les islamistes attendaient tout simplement leur heure pour frapper. Leur première attaque eut lieu au Yémen, le 29 décembre, La toute nouvelle organisation d'Al-Fadli, le Djihad islamique yéménite, fit exploser des bombes à l'Hôtel Aden et au Golden Moor, tuant trois personnes et en blessant cinq. Une des bombes explosa peu après le passage d'un contingent de cent Marines en route pour la Somalie. Une autre équipe, armée de lance-grenades manqua aussi sa cible et fut capturée près des clôtures d'un aéroport près duquel les avions de transport de l'armée de l'air américaine étaient stationnés. Al-Fadli et quelques-uns de ses partisans se rendirent le 8 janvier 1993. Le reste des Yéménites « afghans » furent transportés par avion en Somalie par Oussama ben Laden à la mi-1993, Ben Laden se vanta plus tard dans une interview de ce que cette opération lui avait coûté trois millions de dollars sur ses propres deniers.[152]

Le 5 juin 1993, de retour à Mogadiscio, les forces du général Aidid tendirent une embuscade à un détachement pakistanais des forces de l'ONU, tuant vingt-trois Casques bleus. Aidid quitta la Somalie et

[152] Bodansky, p. 74.

arriva en juin à Khartoum pour participer à une réunion au sommet organisée par les islamistes. Al-Tourabi, ben Laden, un certain nombre d'agents iraniens et le chef du Djihad islamique égyptien, al-Zaouahiri, étaient également présents. La réunion portait sur l'expulsion des États-Unis et de l'ONU de Somalie. Bodansky écrit que l'opération fut dirigée par al-Tourabi et al-Zaouahiri, ainsi que par plusieurs autres Arabes « afghans » servant sous leurs ordres comme commandants militaires. Ben Laden, comme d'habitude, était responsable de l'appui logistique. À l'automne 1993, al-Zaouahiri entra en Somalie, où il coordonna les opérations avec les commandants militaires d'Aidid.[153]

La résistance à l'opération Restaurer l'Espoir atteignit son plus haut point le 3 octobre 1993. Les événements de cette journée ont été reconstitués d'une manière inoubliable dans le film hollywoodien *Blackhawk Down*. Ce jour-là, les forces d'Aidid réussirent à abattre deux hélicoptères Blackhawk, à blesser soixante-dix-huit soldats américains, à en tuer dix-huit et à en capturer un. Un millier de combattants et de civils somaliens furent tués dans le carnage. Après cet incident, il devint évident pour l'administration Clinton que l'opération somalienne devait prendre fin. En mars 1994, la quasi-totalité des forces américaines s'étaient retirées, laissant les islamistes au pouvoir.

Ben Laden considéra que c'était là une autre grande victoire pour l'Islam. D'abord, les Soviétiques avaient été battus et expulsés d'Afghanistan et maintenant les

---

[153] Bodansky, pp. 76-78.

États-Unis avaient été battus et expulsés de Somalie. Deux superpuissances avaient été battues par la force des armes de l'islam. Robinson rapporte cet extrait d'une interview de ben Laden :

« Les soi-disant superpuissances ont disparu. Nous pensons que les États-Unis sont très nettement plus faibles que la Russie. D'après les rapports que nous avons reçus de nos frères qui ont participé au djihad en Somalie, nous avons appris qu'ils ont été témoins de la faiblesse, de la fragilité et de la lâcheté des troupes américaines. Seuls quatre-vingt soldats américains ont été tués. Néanmoins, ils ont fui au cœur des ténèbres, frustrés, après avoir donné des sueurs froides aux concepteurs du nouvel ordre mondial... »[154]

---

[154] Robinson, p. 153.

VI.   Le World Trade Center en 1993

Sous la direction d'al-Tourabi, le Soudan avait remporté une grande victoire pour les Frères Musulmans, en expulsant les États-Unis de Somalie. Mais, avant même de s'engager en Somalie, les Frères Musulmans avaient frappé au cœur des États-Unis. Le 26 février 1993, l'attentat du World Trade Center avait fait six morts et blessé un millier de personnes, sans compter que le coût des dégâts s'élevait à plus de 250 millions de dollars. L'intention de l'auteur de l'attentat, Ramzi Youssef, était de faire s'écrouler les tours l'une sur l'autre et, en même temps, de répandre un nuage de gaz de cyanure sur New York. Heureusement, l'explosion dans la structure du parking souterrain ne fut pas assez puissante pour ébranler la tour, mais suffit à brûler le gaz de cyanure.

Les grands médias portèrent leur attention sur le cheikh aveugle, Omar Abdel Rahman, arrêté, jugé et condamné pour avoir participé à la conspiration. Chef du *Jamaat al-Islamiyya* (Groupe islamique), il avait été emprisonné en Égypte pour son soutien moral aux assassins de Sadate. Quand il fut libéré en 1985, il se rendit au Pakistan, où il rencontra Hekmatyar et Abdullah Azzam. Il devint un religieux très célèbre dans les milieux islamiques, bien connu pour sa prédication militante courageuse et pour sa haine de Moubarak. A la fin des années 1980, il passa son temps à prêcher dans des centres islamiques, dans toute l'Arabie Saoudite et même en Grande-Bretagne, en Allemagne et aux États-Unis, avec la bénédiction de la CIA. Il rencontra également à plusieurs reprises al-Tourabi à Khartoum et à Londres.[155]

En mai 1990, il obtint un visa auprès du consulat américain à Khartoum, en dépit du fait que son nom figurait sur une liste du Département d'État des personnes soupçonnées de terrorisme. Son visa lui fut délivré par un agent de la CIA se faisant passer pour un fonctionnaire. Rahman s'installa dans le New Jersey, où il commença à prêcher le même message militant qu'il avait toujours prêché. En novembre 1990, le Département d'État annula le visa de Rahman et conseilla à l'INS de garder un œil sur lui. Cinq mois plus tard, l'INS, au lieu de l'expulser, lui délivra une carte verte.[156]

L'installation du cheikh Rahman aux États-Unis avait été financée par les Frères Musulmans à travers au moins deux personnes. L'une d'elle était Mahmoud Abou Halima, un membre de la Confrérie qui avait travaillé avec la CIA en Afghanistan et établi un réseau de contacts avec les musulmans extrémistes et les Black Panthers aux États-Unis. L'autre était Moustapha Chalabi, directeur du Centre Al Kifah d'Abdullah Azzam à Brooklyn.[157]

Après que Rahman eut ouvert sa mosquée dans le New Jersey, ses associés et lui commencèrent à exercer des pressions sur Chalabi, pour qu'il laisse Rahman prendre

[155] *Blowback*, Mary Ann Weaver, 05-1996, *The Atlantic* online.
[156] *Ennemies & 'Assets'*, William Norman Grigg, 03-1997, The New American.
[157] Ibid.

le contrôle du Centre Al Kifah et de ses 2 millions de dollars en actifs. Chalabi céda à cette menace et quitta Brooklyn pour Peshawar en mars 1991, L'homme choisi pour lui succéder en tant que directeur du Centre était un Libano-Américain du nom de Wadih el-Hage, un homme étroitement lié aux Frères Musulmans (il en était probablement membre) qui vivait à l'époque à Arlington, au Texas. Mais la transition fut compliquée par l'assassinat de Chalabi le 26 février et, bien qu'el-Hage était à Brooklyn à l'époque, il ne prit pas la succession de Chalabi à la tête du Centre Al-Kifah. Il rentra chez lui, à Arlington, où il continua son travail d'exportateur de voitures au Moyen-Orient. Environ deux ans plus tard, il fut appelé au Soudan, où il travailla pour Oussama ben Laden, en exportant les marchandises agricoles que produisaient les sociétés du Saoudien. Il finit par devenir son secrétaire personnel. Aujourd'hui, il est emprisonné aux États-Unis à cause de ses liens avec Al-Qaïda et du rôle qu'il aurait joué dans les attentats à la bombe contre des ambassades états-uniennes en Afrique en 1998 – il convient d'employer le conditionnel parce qu'il s'avère qu'il était retourné aux États-Unis en 1997.[158]

À Brooklyn, le Centre Al Kifah passa sous le contrôle du réseau de cheikh Rahman. En septembre 1992, le réseau fit venir Ramzi Youssef aux États-Unis. Youssef est maintenant généralement reconnu comme le cerveau de l'attentat du World Trade Center et son cas représente un défi intéressant. Il entra aux États-Unis avec un passeport irakien au nom de Ramzi Youssef. Il n'avait pas de visa, mais l'asile politique lui fut accordé.

---

[158] *"Osama bin Laden - the Past,"* Steve Emerson, IASCP.com.

Quelques mois plus tard, il se rendit au consulat du Pakistan et, après avoir présenté les documents requis, il se vit remettre un passeport au nom d'Abdul Basit Karim. L'enquête du gouvernement américain sur Ramzi Youssef conclut qu'Abdul Basit Karim était effectivement sa véritable identité.

Abdul Basit Karim est né au Koweït en 1968 d'un père pakistanais et d'une mère palestinienne. Son père était un employé de Kuwait Airlines. En 1984, Karim s'installa en Grande-Bretagne et y commença ses études. Il prit des cours d'anglais à l'Oxford College of Further Education et fréquenta le West Glamorgen Institute à Swansea, où il obtint un diplôme en génie électronique en 1989, De ses propres aveux, recueillis après qu'il eut été finalement arrêté et extradé aux États-Unis en 1995, il fut recruté dans le mouvement islamique en 1987, alors qu'il vivait à Swansea, après avoir été approché par des membres locaux des Frères Musulmans. À l'été 1988, il se rendit au Pakistan, où il séjourna dans l'un des nombreux camps d'entraînement moudjahidin financés par la Confrérie. Après avoir obtenu son diplôme en 1989, il fut blessé dans l'explosion d'une bombe qu'il avait lui-même fabriquée pour se faire la main, à Karachi. Au cours de l'invasion du Koweït, il était dans ce pays, où, selon le ministre de l'Intérieur koweïtien, il collaborait avec les Irakiens, puis, avant l'opération Tempête du Désert, il s'enfuit aux Philippines, où il utilisa ses compétences dans la fabrication de bombes au service des nouveaux groupes islamiques qui commençaient à faire parler d'eux dans ce pays. Abdul Basit Karim, alias Ramzi Youssef, était un agent des Frères Musulmans et un expert dans la fabrication de bombes et le réseau l'amena aux États-

Unis à la fin de 1992 dans le seul but de détruire le World Trade Center.[159]

Une autre théorie sur la véritable identité de Ramzi Youssef, qui, malheureusement, a reçu beaucoup de publicité, doit être mentionnée. Au lendemain de l'attentat de 1993, de nombreux Conservateurs s'efforcèrent d'en attribuer la responsabilité à l'Irak de Saddam Hussein. Cette théorie avait été bâtie par l'analyste très respectée Laurie Mylroie et reprise par le directeur de la CIA James Woolsey, prêt à se raccrocher à tout ce qui pouvait occulter la participation de la CIA à l'attentat. Selon cette théorie, Abdul Basit Karim était un universitaire affable qui fut assassiné par les services secrets irakiens lors de l'occupation du Koweït par l'Irak en 1990 et l'identité de Karim avait été usurpée par le super-agent irakien Ramzi Youssef. Cette théorie repose presque entièrement sur le fait que les papiers koweïtiens de Karim avaient été manifestement falsifiés avant 1993, à l'époque où ils furent découverts au cours de l'enquête sur l'attentat du WTC. Mylroie et compagnie en conclurent que les Irakiens devaient les avoir falsifiés pour permettre à Youssef de prendre l'identité de Karim. Comme les empreintes digitales qui figuraient dans le passeport de Karim correspondaient à celles de Youssef, Mylroie allégua que cela confirmait que le passeport avait été falsifié. Cette théorie fut rapidement soutenue par un certain nombre de Conservateurs aux États-Unis ainsi que par plusieurs journalistes célèbres en Grande-Bretagne.[160]

---

[159] "*The Past As Prologue,*" Russ Baker, 10-2001, salon.com.
[160] "*Who is Ramzi Youssef? And Why It Matters,*" Laurie Mylroie, Winter 95/96, *National Interest.*

Mylroie n'envisage pas la possibilité que les documents aient été altérés pour cacher la collaboration de Karim avec les envahisseurs irakiens et avec les Frères Musulmans, qui soutenaient l'Irak lors de l'invasion du Koweït. La théorie élaborée par Mylroie fut naturellement soutenue par plusieurs membres de l'Université de Swansea. Ken Reid, le directeur adjoint, affirma que Karim ne faisait ni la même taille ni le même poids que Youssef. Il déclara également que Karim, contrairement à Yousef, avait un œil déformé et que ses oreilles et sa bouche étaient plus petites que celles de Youssef.[161] Brad White, journaliste à CBS et ancien enquêteur du Sénat, prit fait et cause pour Mylroie et interrogea les enseignants qui avaient connu Karim. « *Deux personnes se souviennent bien d'Abdul Basit, mais ont été incapables de l'identifier formellement sur les photos qui leur ont été montrées. Elles eurent l'impression que, même s'il y avait une certaine ressemblance entre eux, il ne s'agissait pas de la même personne. « Nous avons le sentiment, dirent-elles à White, que Ramzi Youssef n'est probablement pas Basit* ».[162] Toutefois, ces prétendues différences peuvent être expliquées par la bombe qui lui avait explosé au visage, alors qu'il était en train de la fabriquer à Karachi en 1989.

Un journaliste britannique décrivit l'anglais de Youssef comme « épouvantable » et spécula qu'il ne pouvait pas être le Karim qui avait vécu en Grande-Bretagne pendant quatre ans et avait pris des cours de langue à

161 *"Terrorists' trade in stolen identities,"* Daniel McGrory, 22/09/2001, *The Times* UK.
162 *"Of Passports and Fingerprints,"* article internet.

Oxford.[163] La manière dont Youssef se comporta lors de son procès semble cependant ruiner cette hypothèse : « *il a insisté pour se représenter lui-même lors de son premier procès, il faisait belle figure, dans sa veste croisée faite sur mesure, jouait fréquemment de son charme et se représentait étonnamment bien, amenant même des témoins hostiles à se contredire.* »[164] Si son anglais avait été « épouvantable », aurait-il pu se représenter si bien à son procès ?

Simon Reeve, dans son livre *The New Jackals*, confronte les allégations selon lesquelles Yousef n'était pas Karim. Il mentionne Neil Herman, le responsable de l'enquête du FBI sur l'attentat de 1993 et cite aussi plusieurs des amis de Basit à Swansea :

« … Neil Herman et le FBI sont convaincus que Youssef et Karim sont une seule et même personne et plusieurs anciens élèves se souviennent de Ramzi – leur « fantasque » et « fougueux » ancien camarade – et l'identifient. « *Tantôt il était votre ami, tantôt…* », déclara un étudiant gallois. Un autre étudiant de l'Université de Swansea se souvient qu'un de ses amis – un Anglais d'origine asiatique - qui se trouvait être aussi celui de Youssef, mentionna avoir eu une conversation politique avec celui-ci. « *C'est, lui dit-il, un vrai cinglé* ». Un autre étudiant conservait des articles de journaux sur le procès de Youssef. A l'époque où Youssef était toujours en fuite, il se souvient avoir comparé les photos de lui qui étaient publiées dans les journaux avec ceux de ses albums. « *Elle, disait-il à ses amis en feuilletant*

---

[163] *"Terrorists' trade in stolen identities,"* Daniel McGrory, 22/09/2001, *The Times* UK.
[164] *"The Past As Prologue,"* Russ Baker, 10/2001, salon.com.

l'album, c'est mon amie Jane, elle est enseignante, Lui, c'est mon ami Phil, il est ingénieur et puis [se tournant vers les articles], *lui, c'est mon ami Ramzi, le terroriste international et l'homme le plus recherché dans le monde »*.[165]

Quoi qu'il en soit, il est compréhensible que l'Université de Swansea ait voulu se distancier d'un cerveau terroriste comme Youssef et il est également compréhensible que des Conservateurs comme Mylroie aient été si désireux de rendre une « puissance supérieure » responsable de l'attentat du WTC. Il existait une puissance supérieure, mais ce n'était pas l'Irak et la plupart des Conservateurs sont tellement anglophiles qu'il leur est impossible de porter un regard critique sur la Grande-Bretagne, où les Frères Musulmans sont basés.

La question de la véritable identité de Youssef a finalement été réglée dans les semaines qui suivirent le 11 septembre 2001, L'ancien chef de la CIA, James Woolsey, fut envoyé à Londres pour recueillir toutes les preuves possibles de la responsabilité au moins partielle de l'Irak dans ces attaques. Son voyage fut financé de manière indépendante par Paul Wolfowitz, le belliciste secrétaire adjoint à la Défense, ce qui créa une scission au sein de l'administration Bush et suscita la colère du Département d'État et de la CIA.[166] Woolsey s'intéressa surtout aux allégations selon lesquelles le pirate de l'air Mohammed Atta avait rencontré les services de renseignement irakiens à Prague et se pencha également

---

[165] *The New Jackals*, Simon Reeve, 1999, p.251.
[166] *"Hawks try to implicate Iraq by hunting for evidence in UK,"* 10/2001, DAWN.com.

sur les prétendus liens de Youssef avec l'Irak : « *une des autres pistes que suivit Woolsey en Grande-Bretagne fut celle d'un terroriste koweïtien maintenant en prison connu sous le nom de Ramzi Youssef, dont le vrai nom est Abdul Basit. Woolsey affirme que Youssef est un agent irakien qui a enlevé Basit et a usurpé son identité. L'enquête de Woolsey a fait de lui la risée de la police et des services secrets britanniques, qui sont « stupéfiées » par ses activités, selon un responsable britannique. Mais le manque de crédibilité de Woolsey n'a pas empêché les grands médias de le citer longuement pour attiser l'hystérie anti-irakienne.* »[167]

Woolsey rencontra des membres des services de renseignement britanniques qui, à sa consternation, souscrivirent à la conclusion à laquelle les enquêteurs américains étaient arrivés dans le procès de Youssef et confirmèrent que Ramzi Youssef était vraiment Abdul Basit et non un imposteur irakien. L'affaire a été abandonnée depuis, bien que Mylroie continue de croire que les Britanniques font tout leur possible pour couvrir Saddam Hussein,[168] alors même que Tony Blair s'échine à trouver des raisons d'appuyer le plan américain d'invasion de l'Irak.

Abdoul Basit Karim, alias Ramzi Youssef, fuit les États-Unis pour Karachi immédiatement après l'attentat du 26 février 1993. En 1994, il était de retour aux Philippines, où il rejoignit la cellule des Frères Musulmans qui avait été montée pour appuyer le nouveau groupe terroriste Abu Sayyaf à Mindanao. Karim y rencontra Mohamed Jamal Khalifah, beau-

---

[167] Ibid.
[168] PBS Frontline, entretien avec Laurie Mylroie.

frère d'Oussama ben Laden, qui avait contribué à financer la création du groupe **Abu Sayyaf**. Ce groupe tire son nom du militant islamiste Rasul Sayyaf Abdurrab.[169] Le Dr Sayyaf obtint son doctorat à l'Université Al Azhar et devint l'un des théologiens les plus importants de l'Afghanistan. Il fonda l'Université de Sawala al-Jihad à Peshawar vers 1990 et est aujourd'hui un féroce critique militant du nouveau gouvernement Karzaï et un ennemi des États-Unis. Abu Sayyaf est considéré par beaucoup comme un groupe paravent d'Al-Qaïda, mais, en réalité, il s'agit d'un groupe des Frères Musulmans qui a été conçu bien avant qu'Oussama Ben Laden soit présenté comme le « cerveau du terrorisme international ».

Aux Philippines, Abdoul Basit Karim, alias Youssef, collabora étroitement avec son oncle Khaled Cheikh Mohammed, désormais perçu comme le cerveau opérationnel des attentats du 11 septembre et soupçonné d'être le cerveau de l'attentat du WTC. Comme Karim, Mohammed était né au Koweït, mais lui s'installa au Pakistan.[170] Les dossiers koweïtiens montrent que toute la famille de Karim quitta le Koweït pour le Pakistan le 26 août 1990, au cours de l'occupation irakienne.[171] Les services secrets indiens estiment que toute la famille est originaire de la province pakistanaise du Baloutchistan et que Karim ne fit que grandir au Koweït.[172] En tout cas, Karim et son oncle Khaled, ancien élève d'un établissement

---

[169] *"The Terror Lurking Within Asia,"* John Moy, 10-11-02, SCMP.com.
[170] *"Terrorist Plot Years in the Making,"* Daniel Rubin and Michael Dorgan, Knight Ridder Newspapers.
[171] *"Of Passports and Fingerprints,"* article internet.
[172] *"Antecedents of Ramzi Ahmed Youssef,"* 10-1996 , SAPRA INDIA

d'enseignement supérieur de Caroline du Nord,[173] sont les terroristes qui sont à l'origine de l'opération qui fut finalement accomplie le 11 septembre. La police philippine découvrit le complot, appelé Opération Bojinka, lorsque, alertée par une alarme, qui s'avéra s'être déclenchée à la suite d'un incident dans la fabrication d'une bombe, elle perquisitionna l'appartement de Karim. Un ordinateur fut saisi qui contenait les plans de onze avions de ligne américains et des instructions pour y poser des bombes réglées pour exploser simultanément. Un des membres de la cellule qui fut capturé, Abdoul Hakim Murad, admit plus tard, lors de son interrogatoire, que la deuxième phase du plan consistait à détourner deux avions de ligne et à les faire s'écraser sur des cibles telles que le siège de la CIA, la Maison Blanche, le Pentagone et, éventuellement, certains gratte-ciel. Murad en était sûr, parce qu'il avait fréquenté plusieurs écoles de pilotage américaines, au Texas, à New York et en Caroline du Nord et il était prévu qu'il fasse partie des kamikazes.[174]

La découverte du complot et la désorganisation de la cellule terroriste fut un triomphe pour les services de renseignement philippins et la CIA décerna à l'inspecteur principal Aida D. Fariscal un certificat de mérite, « *En reconnaissance de vos efforts et de votre remarquable implication personnelle*».[175] La CIA s'empressa ensuite d'oublier l'Opération Bojinka.

---

[173] "*The Left's Acrobatic Logic on Terror,*" David Harsanyi, 6-11-02, Capitalism Magazine.com.

[174] "*Dropping the Ball,*" Reed Irvine, World Net Daily .com.

[175] "*Operation Bojinka's Bombshell,*" Matthew Brzezinski (Zbigniew's nephew), 02/01/2002, *The Toronto Star.*

Karim, alias Ramzi Youssef, eut le plus grand mal à éviter d'être arrêté et à s'enfuir des Philippines, mais il laissa derrière lui plusieurs ouvrages spécialisés de référence qu'il avait volés à la bibliothèque de l'Université de Swansea (ce qui confirme qu'il était bien « Karim »).[176] Il revint au Pakistan, où il s'évanouit facilement dans le vaste réseau islamique qui s'y trouvait. Il aurait continué à jouer un rôle de premier plan dans le réseau terroriste mondial, s'il n'avait pas été trahi par un de ses plus proches collaborateurs. Un musulman sud-africain recruté par Karim donna des informations sur les allées et venues de celui-ci en échange des 2 millions de dollars de récompense offerts par le gouvernement américain pour son arrestation. Karim fut arrêté dans son appartement par des responsables des services de sécurité américains et pakistanais le 7 février 1995. L'informateur reçut la récompense et vit maintenant avec sa famille aux États-Unis sous une nouvelle identité, dans le cadre du Programme de protection des témoins.[177] Karim fut extradé vers les États-Unis, jugé et condamné pour l'attentat du WTC. « Ramzi Youssef » purge maintenant une peine de 240 ans.

L'oncle de Karim aussi s'enfuit des Philippines. Cependant, en 1996, alors qu'il séjournait au Qatar, le gouvernement de cet émirat et le FBI signèrent un accord qui prévoyait que les autorités qataries arrêteraient Khaled Cheikh Mohammed et le livreraient aux États-Unis. Le FBI envoya une équipe au Qatar. Khaled Cheikh Mohammed devait leur être livré dans

---

[176] 19b. Reeve, p. 89.
[177] *"The Past As Prologue,"* Russ Baker, 10/2001, salon.com.

un hôtel. Mais, à la dernière minute, tout fut annulé. Apparemment, une « puissance supérieure » était intervenue in extremis et Khaled Cheikh Mohammed avait été mis à l'abri. Il s'enfuit à Prague, où il installa son nouveau quartier général et prit le nom de Mustafa Nasir. Qui aurait pu intervenir pour torpiller au dernier moment un accord important entre deux gouvernements souverains ? La personne qui intervint dans l'affaire aurait été le ministre qatari des affaires religieuses.[178] L'autre facteur qui doit être pris en compte est que le Qatar est le lieu de résidence de l'un des théologiens les plus éminents et les plus véhéments des Frères Musulmans, le Dr Youssef al-Qaradâwî, doyen des études islamiques à l'Université du Qatar, qui dirige également le Conseil Islamique de l'Europe.[179] Le séjour de Khaled Cheikh Mohammed au Qatar ne pouvait pas ne pas avoir été organisé par les Frères Musulmans et seuls les Frères Musulmans avaient l'influence et le pouvoir nécessaires pour faire tomber à l'eau un accord d'extradition entre le Qatar et les États-Unis.

Khaled Cheikh Mohammed est l'homme qui permet de dévoiler toute la conspiration qui mena au 11 septembre, mais aucun journaliste d'investigation n'est capable de découvrir quoi que ce soit sur la vie de l'homme. Le journaliste du *Wall Street Journal* Daniel Pearl fut enlevé et sauvagement assassiné parce qu'il enquêtait sur lui au Pakistan et la vidéo high-tech considérablement censurée de son exécution par

---

[178] *Breakdown: How America's Intelligence Failures Led to September 11*, Bill Gertz, 2002, pp. 55-56.

[179] Qaradawi : *Londres, Qatar.*

décapitation fut diffusée dans le monde entier sur Internet en guise **d'avertissement**. Lorsque le Congrès américain commença son enquête sur les événements du 11 septembre, il constata que le **chef de la CIA**, George Tenet, avait empêché la déclassification de toutes les informations concernant Khaled Cheikh Mohammed et qu'il n'avait même pas été permis de mentionner le nom de Mohammed dans le rapport d'enquête. Tenet sait qu'un examen critique du parcours de Khaled Cheikh Mohammed révélerait ses liens étroits avec les Frères Musulmans et, par la suite, les liens des Frères Musulmans avec les services de renseignement occidentaux. Mohammed était un agent de la CIA, comme l'avait été « Ramzi Youssef ». Ils faisaient partie de l'organisation des Frères Musulmans, mais n'étaient musulmans que de nom. L'enquête des services de renseignement philippins révéla que Mohammed et son neveu « Youssef » aimaient beaucoup boire, faire la fête, fréquenter les bars érotiques et courir les filles de la région.[180] Il en allait de même de la plupart des pirates de l'air du 9-11, au cours des semaines qui précédèrent l'opération. Leur comportement tranche avec celui d'Oussama ben Laden qui, au Soudan, se bouchait les oreilles, dès qu'il entendait jouer de la musique en public.[181] Oussama ben Laden fut vaguement impliqué dans les événements du 11 septembre et ne pouvait pas ne pas l'être, puisque le mouvement islamique international est très petit ; cependant, il ne joua pratiquement aucun rôle dans la planification et l'exécution de l'opération. La découverte de la vérité sur le 11 septembre passe par un examen de

---

[180] *Non-Muslim lifestyle: Khalid Sheikh Mohammed*, Ramzi Youssef.
[181] Biographie de ben Laden au Soudan.

l'itinéraire de Khaled Cheikh Mohammed et de nombreux intérêts puissants sont déterminés à cacher cette vérité.

VII. Les problèmes d'argent de Ben Laden

À la fin de 1993, après avoir servi al-Tourabi et les Frères Musulmans consciencieusement pendant deux ans, ben Laden commença à être à court d'argent. Il n'était pas autorisé à retirer des fonds à volonté du réseau financier du Groupe de la Fraternité qu'il avait contribué à mettre en place après la chute de la BCCI, car ce n'était pas son réseau. Il dépendait financièrement de ses maîtres et, à cette époque, la Confrérie ne voyait pas pourquoi ben Laden avait besoin de fonds.

La raison principale des problèmes d'argent de ben Laden résidait dans le fait que le gouvernement saoudien avait bloqué tous ses actifs et ses comptes en banque. Ce fait est confirmé par un certain nombre de sources, y compris Robinson et l'auteur anonyme (j'ai des raisons de croire qu'il s'agit du Dr Saad al-Faqih) d'une biographie de Ben Laden publiée sur le site Web PBS.

Pour remédier à cette situation, ben Laden fit ce que beaucoup d'autres dissidents saoudiens ont fait au cours des dernières décennies. Il s'installa à Londres et mit en place une organisation pour faire connaître son groupe et accepter des dons substantiels des riches musulmans qui vivent en Grande-Bretagne. Le susmentionné Dr Saad al-Faqih, après avoir fui l'Arabie Saoudite, créa le **Mouvement pour la Réforme Islamique** en Arabie et le Dr Mohammed al-Massari, après avoir lui aussi fui l'Arabie Saoudite, créa le **Comité pour la Défense des Droits Légitimes** (CDDL).

Le court séjour de ben Laden à Londres reçut beaucoup de publicité avec la publication en 1999 du livre de Yossef Bodansky *Ben Laden – The man who declared war on America*. L'affirmation de Bodansky fut contestée par plusieurs journalistes londoniens et plus particulièrement par le correspondant de CNN à Londres et « expert » en terrorisme Peter Bergen, auteur de *Holy War, Inc.*, qui ne la prenait pas au sérieux. Cependant, le séjour de ben Laden à Londres a été confirmé depuis par le journaliste Adam Robinson dans son livre *Ben Laden – Behind the Mask of Terrorism*. Sa biographie, publiée à la fin de 2001, s'appuie sur des entrevues avec la famille proche d'Oussama ben Laden et raconte en détail les trois mois que celui-ci passa en Angleterre au début de 1994.

À son arrivée, ben Laden acheta une maison « *à, ou à proximité de, Harrow Road dans le quartier londonien de Wembley. Il la paya comptant, mais la mit au nom d'un intermédiaire* ».[182] La tâche la plus importante de ben Laden fut d'établir sa propre organisation, le **Comité pour le Conseil et la Réforme**, pour envoyer ses communiqués de presse et recevoir des dons. Ben Laden mit à sa tête le dissident saoudien Khaled al-Fawwaz qui restait en contact avec lui par téléphone satellite et envoyait ses déclarations aux nombreux journaux de langue arabe londoniens. Comme mentionné dans la première partie, ben Laden établit ainsi des relations avec deux résidents londoniens qui allaient jouer un rôle essentiel dans l'élaboration de son image de porte-parole et de cerveau du mouvement

---

[182] *Bin Laden: Behind the Mask of the Terrorist*, Adam Robinson, 2001, p. 168.

islamique. Le premier était Abdel Bari Atwan, rédacteur en chef du journal *Al-Quds Al-Arabi*, l'autre, le religieux extrémiste et Frère musulman Omar Bakri Muhammad qui se faisait appeler « *la voix d'Oussama ben Laden* » et dirigeait le **Parti de la Libération Islamique** et l'organisation Al-Muhajiroun de sa mosquée de Londres.

Robinson raconte que ben Laden trouva le temps de faire un peu de tourisme. Il écrit : « *Oussama aimait envoyer des cartes postales. Cette enquête montre qu'il visita la Tour de Londres et le Musée impérial de la guerre. Il quitta le sud de l'Angleterre au moins une fois et fut parmi les millions de personnes qui visitent chaque année le château d'Édimbourg.* »[183]

Ben Laden assista à deux matchs importants d'Arsenal, dont celui du 15 mars, qui vit le club de football londonien accéder aux demi-finales d'un tournoi européen en battant Turin. Ben Laden nota l'excitation et la passion des fans et, plus tard, il déclara à ses amis et à sa famille qu'il n'avait jamais rien vu de tel. Il rapporta au Soudan des souvenirs, dont un maillot pour son fils de quinze ans, Abdullah.[184]

L'excursion de ben Laden à Londres devait cependant tourner court. Ben Laden n'était pas un « cerveau » du terrorisme, mais il était un agent militant de haut niveau des Frères Musulmans et le Saoudien le plus influent à s'être retourné publiquement contre son gouvernement. Selon Robinson, des pressions furent exercées sur le régime saoudien par le Yémen, puis, au début de 1994,

---

[183] Robinson, p. 169.
[184] Robinson, p. 169.

par Moubarak.[185] Les deux gouvernements avaient été informés que le Soudan aidait les terroristes à déstabiliser leur régime. Robinson décrit la réponse de l'Arabie Saoudite au problème que posait ben Laden :

« En avril 1994, sa nationalité saoudienne lui fut retirée pour « comportement irresponsable » et il fut informé qu'il n'était plus le bienvenu dans son pays natal : parce qu'il avait « commis des actes qui affectaient les relations fraternelles entre le royaume d'Arabie Saoudite et d'autres pays. » »[186]

Le gouvernement saoudien exigea que la Grande Bretagne le lui livre. Au lieu de cela, il fut autorisé à quitter tranquillement le Royaume-Uni et à retourner au Soudan. Le premier geste de ben Laden après son retour dans ce pays fut de publier un communiqué dénonçant la décision de l'Arabie Saoudite de lui retirer sa citoyenneté. Il ajouta qu'il ne dépendait pas de sa nationalité saoudienne pour se définir comme musulman. Quelques semaines plus tard, son Comité pour le Conseil et la Réforme voyait le jour à Londres. Dans son premier communiqué de presse, elle se définissait comme « *un groupe politique visant à constituer une opposition efficace à l'intérieur et à l'extérieur du système de parti unique de l'Arabie Saoudite* ».[187]

Au Soudan, ben Laden continua à avoir des problèmes financiers pendant plusieurs années. Les frais

---

[185] Robinson, p. 172.
[186] Robinson, p. 172.
[187] Robinson, p. 173.

d'exploitation de ses entreprises étaient très élevés et nécessitaient donc un flux de trésorerie continu. Dans une interview à Abdel Bari Atwan d'*Al-Quds Al-Arabi* en 1996, Il affirma avoir perdu plus de « *150 millions de dollars dans des projets agricoles et de construction* » durant son séjour au Soudan.[188] Il ne manqua jamais d'argent, mais il faisait plus attention à ses dépenses. Le Groupe de la Fraternité avait beau être un réseau financier qui ne manquait jamais de fonds, les comptes personnels de ben Laden n'étaient pas inépuisables, comme le démontrent les témoignages de plusieurs agents d'Al-Qaïda arrêtés à la suite des attentats contre des ambassades africaines en 1998 et ceux de transfuges d'Al-Qaïda.

Jamal al-Fadl, un transfuge qui travailla à un certain moment au service de la paie des entreprises de ben Laden, se plaignit de ce qu'il ne gagnait que 500$, alors que certains employés égyptiens en gagnaient 1,200$. Ben Laden lui expliqua qu'ils étaient payés plus parce qu'ils pouvaient demander des salaires plus élevés en Égypte et qu'il voulait les garder dans son groupe. Al-Fadl fit défection après avoir volé 110,000$ à ben Laden.[189]

Un autre transfuge, L'Houssaine Kerchtou, se mit en colère contre ben Laden parce que celui-ci avait refusé de payer pour la césarienne qu'il avait fallu faire d'urgence à sa femme. Il témoigna que, « *Depuis fin 1994/95, Al Qaïda était en crise, Oussama ben Laden lui-même nous disait qu'il n'avait plus d'argent, qu'il avait tout*

---

[188] *"Tracing Bin Laden's Money,"* ICT.
[189] *"Trial Poked Holes,"* New York Times, *"Cross Examination..."*

perdu… et il avait réduit les salaires. » Kerchtou déclara aussi que ben Laden refusa de payer pour renouveler son permis de pilote.[190]

Fin 2001, Al-Quds Al-Arabi publia une série de rapports sur la vie de ben Laden au Soudan. Les rapports qualifiaient son séjour de « négatif » et indiquaient qu'il avait eu un terrible coût financier pour lui : « *L'époque soudanaise fut importante malgré son impact négatif sur ben Laden. Les Soudanais le considéraient comme un investisseur venu soutenir le projet islamique du Dr. Hassan al-Tourabi, chef spirituel de la révolution islamique soudanaise… d'un côté, ce fut une expérience amère pour Ben Laden, **qui lui coûta beaucoup d'argent**, mais, d'un autre côté, c'est à cette époque que beaucoup de ses idées et de ses initiatives germèrent.* »[191]

D'autres problèmes surgirent au sein d'Al-Qaïda à l'époque où ben Laden résidait au Soudan. Lorsque le cheikh Rahman fut placé en détention par les Américains à la suite de l'attentat du WTC, un certain nombre d'employés égyptiens de ben Laden exigèrent de lui qu'il se venge de l'Amérique, mais il refusa. Dégoûtés, plusieurs d'entre eux quittèrent Al-Qaïda. Plus tard, en raison des pressions de la Libye sur le Soudan, ben Laden tenta de renvoyer certains de ses agents libyens chez eux. Il leur expliqua la situation et leur offrit, à eux et à leur famille, des billets d'avion, mais ils furent tellement dégoûtés de le voir céder à la pression politique qu'ils déclinèrent son offre et le

---

190 *"Trial Reveals a Conspiracy..."* CNN.com.
191 *"Bin Ladin's Life in Sudan,"* Al Quds Al Arabi.

quittèrent.[192]

Le procès des attentats contre les ambassades fit beaucoup pour ébranler l'idée qu'Oussama ben Laden et son « organisation » Al-Qaïda était une machine terroriste extrêmement riche, invincible et secrète capable de frapper n'importe où dans le monde. Jusqu'au mois de juin 2001, le *New York Times* publia des articles du genre de celui du 31 mai de Benjamin Weiser, « *Trial Poked Holes in Image of bin Laden's Terrorist Group* », mais ces enquêtes ne suffirent pas à briser l'illusion et le 11 septembre la renforça plus que jamais.

Les soucis financiers de Ben Laden et d'autres problèmes internes peuvent expliquer en partie l'apparente trahison d'al-Tourabi et du gouvernement soudanais à son égard. Selon l'homme d'affaires américain Mansoor Ijaz qui rencontra al-Tourabi en juillet 1996, le Soudan proposa plusieurs fois aux États-Unis de leur livrer ben Laden en échange de la levée des sanctions économiques.[193] La première offre date de février 1996, mais elle fut ignorée par l'administration Clinton, même si un rapport du Département d'État, **Patterns of Global Terrorism,** qualifiait ben Laden « *d'un des bailleurs de fonds les plus importants des activités extrémistes islamiques dans le monde d'aujourd'hui* ».

L'offre fut réitérée en mai 1996, alors que ben Laden se préparait à déplacer son organisation en Afghanistan, mais elle fut de nouveau ignorée. Même après que ben Laden eut quitté le Soudan, le gouvernement soudanais

---

[192] *"Trial Poked Holes," New York Times.*
[193] *"Missed Chance,"* Newsday.com.

proposa à l'administration Clinton de lui fournir des informations sur lui. Selon un article publié sur Newsday.com. Ijaz transmit l'offre, mais la Maison Blanche n'y répondit pas :

« Au cours d'une visite ultérieure au Soudan, dit-il, il rencontra le chef des services de renseignement soudanais, al-Mahdi Gutbi. « Si vous pouvez convaincre votre gouvernement de venir ici, voici ce qui peut être mis à sa disposition », déclara al-Mahdi, en désignant trois piles de dossiers qui étaient devant lui. « Nous avons le réseau entier et pas seulement ben Laden ou le Hezbollah. Nous comprenons tout ce qui se passe dans le monde islamique. » »[194]

Selon un article du *Sunday Times* du 6 janvier 2002, lors d'un dîner organisé après le 11/09 à Manhattan, Clinton admit qu'avoir laissé filer Oussama ben Laden avait probablement été « *la plus grosse erreur de ma présidence* ».

Mais la question se pose de savoir si l'offre était sincère. Le Soudan était-il prêt à trahir « le réseau entier » de l'islam militant ? Ijaz avait rencontré l'adjoint du Conseil à la Sécurité Nationale Sandy Berger et Susan Rice, conseiller principal pour les affaires africaines, pour leur transmettre l'offre. Rice expliqua qu'elle avait été ignorée en raison de la duplicité connue du Soudan :

« Le gouvernement soudanais est l'un des plus malhonnêtes, l'un des plus fuyants au monde. La seule chose qui compte, c'est ce qu'ils font, pas ce

---

[194] *"Missed Chance,"* Newsday.com.

qu'ils disent qu'ils vont faire. Ils excellent à dire une chose et en faire une autre ».[195]

Le Soudan était peut-être prêt à livrer ben Laden, mais, s'il l'avait effectivement fait, cela n'aurait pas porté un coup terrible au mouvement islamique. La Confrérie Internationale Musulmane aurait gardé le contrôle sur le réseau financier mis en place en partie par ben Laden et elle n'aurait pas eu de grande difficulté à continuer sa guerre contre les régimes modérés du Moyen-Orient et contre l'Occident. Oussama ben Laden n'était pas indispensable.

---

[195] *"Missed Chance,"* Newsday.com.

Peter Goodgame

VIII. La révolution de la confrérie se poursuit

Après le retour d'Angleterre de ben Laden en 1994, les choses commencèrent à chauffer dans le monde musulman. Après avoir publiquement retiré sa citoyenneté à ben Laden, le régime saoudien dut faire face à l'agitation fondamentaliste. La Maison des Saoud marchait sur la corde raide – elle soutenait le djihad et l'expansion de l'islam dans le monde entier et tirait parti de son rôle de gardien des lieux saints, mais, en même temps, la décadence, la corruption et les immoralités de la famille royale étaient de plus en plus voyantes dans le royaume. Ce n'était qu'une question de temps avant que cette hypocrisie devienne un problème et que le djihad ne tourne le dos à celui qui l'avait créé.

L'une des voix dissidentes les plus fortes en Arabie Saoudite était un cheikh militant nommé Salman Ibn Fahd Al-Oadah. Il était bien connu de ben Laden et des milliers de Saoudiens « afghans » qui rongeaient leur frein dans le royaume depuis leur retour d'Afghanistan. Le régime saoudien voyait de plus en plus le cheikh comme une menace et, en septembre 1994, il le fit arrêter. Seulement quelques jours plus tard, une organisation appelée **Les bataillons de la Foi** fit les manchettes, après avoir lancé au gouvernement saoudien un ultimatum exigeant la libération de cheikh dans les cinq jours, sous peine d'une campagne terroriste contre le gouvernement saoudien et le gouvernement états-unien.

Le gouvernement saoudien ignora les avertissements et la menace ne fut pas mise à exécution, mais Bodansky

écrit que l'affaire était notable, parce que c'était la
« *première initiative prise par le système islamique saoudien… la
première menace de recours à la violence contre la maison al-
Saoud* ». Cet ultimatum était le premier « *communiqué
direct d'une organisation terroriste islamiste à l'intérieur de
l'Arabie Saoudite* ».[196]

En avril 1995, les islamistes saoudiens furent galvanisés
par l'écoute d'un message enregistré d'Al-Oadah. Il
avait été sorti de prison clandestinement et remis à ses
partisans. Bodansky décrit l'importance de ce message :

**« La conférence, intitulée « La fabrication de la
mort », développait toute la logique de la relation
entre les islamistes et la civilisation occidentale et
équivalait à une déclaration de djihad armé contre
la maison al-Saoud. Elle fournissait la justification
à une confrontation perpétuelle… »**

**« La fabrication de la mort » équivalait à une fatwa,
c'est-à-dire un décret religieux, ordonnant la
déclaration du djihad contre la famille royale
saoudienne. Al-Oadah décrétait que tout rejet du
djihad en faveur d'une autre forme de résistance
était une apostasie, un crime capital selon la loi
musulmane. Le croyant n'avait d'autre choix que
de se battre… »[197]**

Le message du cheikh fut l'amorce de la résistance au
régime saoudien, dans le royaume et dans le monde

[196] *Bin Laden: The Man Who Declared War on America*, Yossef Bodansky,
1999, p. 117.
[197] Ibid. pp. 117-118.

entier. Selon Bodansky, le Comité pour la Défense des Droits Légitimes est « *le groupe islamique le plus grand et le mieux organisé de l'opposition au régime saoudien* » et la publication du message du cheikh al-Oadah détermina l'organisation à abandonner sa position modérée et diplomatique de façade pour devenir un partisan de la résistance armée au régime saoudien, un changement qui se reflète dans ses déclarations et ses communiqués de presse de l'époque.

Le réseau islamique saoudien frappa pour la première fois le 13 novembre 1995, quand une voiture piégée explosa à Riyad, détruisant un bâtiment loué par les États-Unis et tuant six personnes, dont cinq Américains. Robinson écrit que la bombe avait été fabriquée à partir de 200 kg de Semtex de qualité militaire et qu'elle brisa les fenêtres dans un rayon d'un kilomètre. Un certain nombre de groupes islamiques clandestins revendiquèrent immédiatement l'attaque.

Bodansky écrit que le Mouvement Islamique Armé, l'organisation djihadiste officieuse du réseau des Frères Musulmans, la revendiqua « *en publiant par le biais d'une des filiales du Mouvement Islamique Armé un communiqué d'un groupe jusqu'alors inconnu se faisant appeler les Partisans Militants de l'Organisation de Dieu. Le communiqué du Mouvement Islamique Armé soulignait également que l'opération de Riyad était « la première de nos opérations djihadistes. »* »[198]

Les Frères Musulmans profitaient du climat politique saoudien et avaient rejoint le mouvement en faveur du renversement des Saoud, même si ce renversement était

---

[198] Ibid. p. 141.

secondaire pour eux. L'objectif principal des Frères Musulmans en 1995 était de détruire son ennemi historique, le gouvernement laïc égyptien.

En mars 1995, al-Tourabi convoqua une réunion à Khartoum avec quatre des principaux dirigeants islamiques égyptiens : Le Dr al-Zaouahiri, le chef du **djihad islamique** égyptien, Mustafa Hamza et Ahmed Refai Taha, tous deux d'**al-Jamaah al-Islamiyah**. Zaouahiri vivait à Genève, où il dirigeait son organisation depuis une mosquée des Frères Musulmans. Mustafa Hamza résidait à Londres et à Khartoum, tandis qu'Ahmed Refai Taha était basé à Londres et à Peshawar. C'est à cette réunion que le projet d'assassinat de Moubarak fut adopté. Il serait mis à exécution au cours d'une visite diplomatique de Moubarak à Addis-Abeba à la fin du mois de juin.[199]

Quelques semaines plus tard, le plan fut présenté lors d'une réunion islamique à Khartoum. L'assassinat de Moubarak était censé faire diversion à un coup d'État islamique en Égypte, rapidement suivi par la chute des Saoud et le renversement des régimes du Golfe persique. Mustafa Hamza fut choisi comme coordinateur du soulèvement en Égypte et al-Zaouahiri comme directeur opérationnel de l'attentat contre Moubarak.[200]

À la fin du mois de mai, al-Tourabi se rendit à Paris pour « recevoir des soins de santé ». Au cours de son séjour dans la capitale française, il effectua une voyage

---

[199] Ibid. pp. 123, 125.
[200] Ibid. p. 124.

éclair secret à Genève pour rencontrer de nouveau al-Zaouahiri. Deux semaines plus tard, al-Zaouahiri fit une « visite d'inspection » à Khartoum et, à l'aide d'un faux passeport, il put également se rendre en Ethiopie pour repérer les lieux. Il retourna ensuite à Genève, où la dernière réunion des responsables opérationnels se tint en toute sécurité le 23 juin.[201]

Le plan était d'utiliser trois équipes pour attaquer le convoi de Moubarak au moment où il atteindrait le Centre des congrès, à 800m de l'aéroport. La première équipe, placée sur les toits des maisons situées près de l'aéroport, attaquerait le convoi à la mitrailleuse. Cette attaque devait ralentir le convoi, permettant à la seconde équipe, armée de lance-grenades, de venir faire sauter la voiture du président et/ou d'autres véhicules officiels égyptiens. Si le véhicule de Moubarak réussissait à s'échapper, il devrait faire face à la troisième équipe, un kamikaze au volant d'une voiture bourrée d'explosifs. Les contacts d'al-Zaouahiri dans les services secrets lui avaient fait savoir que le chauffeur de Moubarak avait reçu l'ordre de mettre les pleins gaz au moindre problème. La voiture piégée était donc la dernière chance des terroristes de réussir l'attentat.

Le plan échoua pour plusieurs raisons. Tout d'abord, l'entourage de Moubarak tarda à coordonner le convoi, ce qui laissa à la police éthiopienne le temps de bien sécuriser l'itinéraire : et les terroristes ordonnèrent à la première équipe de remballer ses roquettes pour des raisons de sécurité (sic). Puis, sans préavis, Moubarak annonça que ceux qui étaient prêts pouvaient partir

---

[201] Ibid. p. 125.

avec lui vers le Palais des congrès. Il n'était pas disposé à attendre que l'ensemble du convoi se soit assemblé pour donner le signal du départ, ce qui prit au dépourvu la première équipe, qui avait rangé ses lance-roquettes. Enfin, ce qui sauva la vie à Moubarak, lorsque les premiers tirs d'armes légères se firent entendre et que le convoi s'arrêta net, fut la décision du chauffeur de la voiture de Moubarak de faire demi-tour et de filer vers l'aéroport. Le kamikaze ne put même pas s'approcher de la limousine, qui se trouvait être une Mercedes spéciale à l'épreuve des balles et des roquettes.[202]

Bodansky décrit les conséquences de l'échec de ce complot : **« L'attentat contre le président Hosni Moubarak à Addis-Abeba, en Ethiopie, le 26 juin 1995, marqua un tournant dans l'évolution de la lutte islamique pour le contrôle du monde arabe et du Centre de l'Islam. Des opérations d'une telle ampleur, même si elles finissent par être revendiquées par ou attribuées à d'obscures organisations terroristes, sont en fait des instruments de la politique d'État et sont menées pour le compte des plus hautes sphères des États qui soutiennent le terrorisme. La tentative d'assassinat, manœuvre instiguée par le Soudan et l'Iran pour des raisons stratégiques, eut des conséquences à long terme sur la région. Bien que le président Moubarak ait survécu et que le soulèvement populaire islamique envisagé par les conspirateurs ne se soit pas produit en Égypte, elle donna une forte impulsion au mouvement**

---

[202] Ibid. pp. 130-131.

islamique dans la région. »[203]

Le 4 juillet, l'attentat fut revendiqué par le Groupe Islamique (al-Jamaah al-Islamiyah), l'organisation terroriste du cheikh emprisonné Omar Abdoul Rahman. Il a été affirmé que l'attaque avait été lancée en l'honneur d'un commandant islamiste tué par la police égyptienne en 1994.

L'Égypte ne tarda pas à accuser le Soudan d'avoir commandité l'attaque et l'Éthiopie et les États-Unis, suivis par l'ONU, l'en accusèrent aussi. La preuve était accablante que le Soudan avait abrité, formé et financé les terroristes et la culpabilité du Soudan fut confirmée par son refus de livrer trois des terroristes accusés d'avoir mené l'opération. En raison de ce refus, l'ONU imposa des sanctions diplomatiques au Soudan et les États-Unis évacuèrent leur ambassade à Khartoum, expulsèrent un diplomate soudanais et imposèrent des sanctions diplomatiques et économiques au Soudan. Le temps était révolu ou le Soudan pouvait servir de refuge au mouvement islamique militant. Al-Tourabi dut changer rapidement sa politique pour éviter que des mesures sérieuses soient prises contre le Soudan et préserver son régime islamique. Un de ses gestes de conciliation, qu'il ait été sincère ou non, fut de proposer aux États-Unis de leur livrer Oussama ben Laden. L'Administration Clinton, comme nous l'avons vu, la refusa.

L'attaque suivante contre le gouvernement égyptien eut lieu le 19 novembre 1995, seulement six jours après

---

[203] Ibid. p. 121.

l'attentat de Riyad contre des militaires américains. Une petite voiture percuta la porte de l'ambassade d'Égypte à Islamabad et, quelques secondes plus tard, une faible explosion se produisit dans une zone où les visiteurs faisaient la queue pour obtenir un visa. L'explosion, possiblement celle d'une grenade lancée par un kamikaze qui aurait sauté de la voiture après qu'elle eut percuté la porte de l'ambassade, n'était qu'une diversion : dans le tumulte, la porte fut percutée par une camionnette transportant 400 kg d'explosifs. L'énorme explosion creusa un cratère de six mètres de largueur et de trois mètres de profondeur. Dix-neuf personnes furent tuées et des dizaines d'autres blessées.

Peu de temps après, les trois principaux groupes terroristes égyptiens revendiquèrent la responsabilité de l'attentat. Le **Groupe Islamique** du cheikh Rahman, dirigé par Mustafa Hamza et Ahmed Refai Taha, affirma que l'attentat était dirigé contre Moubarak. Le Groupe islamique se rétracta par la suite. La seconde revendication vint du **Djihad Islamique** d'al-Zaouahiri, qui fournit les noms des agresseurs, les « martyrs » qui avaient perpétré l'attaque. La dernière revendication émana du **Groupe pour la Justice Internationale**, proche d'al-Zaouahiri, qui déclara que l'attaque avait été menée par « *l'escouade du martyr Khaled Islambouli* », l'assassin exécuté de Sadate.[204]

Bodansky rend ses conclusions sur l'auteur de cette attaque contre le gouvernement égyptien : **« Comme la tentative d'assassinat du président Moubarak, l'opération terroriste d'Islamabad fut financée par**

---

[204] Ibid. p. 144.

et réalisée sous le contrôle étroit du quartier général du mouvement islamique en Europe de l'Ouest – al-Zaouahiri à Genève et son nouveau commandant en second, Yassir Tawfiq Sirri, à Londres. »[205]

À la fin de 1995, le Soudan subit de plein fouet les conséquences du soutien qu'il avait apporté au mouvement islamique. L'économie était dans un état lamentable et les sanctions l'empêchaient de faire des investissements conséquents et de recevoir de l'aide de l'extérieur, sans compter que l'Égypte et l'Arabie Saoudite étaient sur le point d'y intervenir militairement. En raison de ces pressions, le général Bashir commença à réduire son soutien à l'expérience islamique d'al-Tourabi et lui demanda de clamer le jeu pendant un certain temps. L'époque où le Soudan était la base des Frères Musulmans touchait à sa fin. Ils avaient prévu cette évolution et, avant même l'attentat contre Moubarak, ils avaient transférés leurs actifs dans les camps d'Hekmatyar en Afghanistan. Un an plus tard, Oussama ben Laden leur emboîta le pas. Il atterrit à Djalalabad le 18 mai 1996.

---

[205] Ibid. p. 144.

Bibliographie

Pétrole, une guerre d'un siècle : l'ordre mondial anglo-américain,
F. William Engdahl, 1993.

A Brutal Friendship - The West and the Arab Elite, Said K.
Aburish, 1997

History of Egypt: British Occupation (1882-1952), Arab.net
Timeline of Egypt, utexas.edu

The Egypt of Naguib Mahfouz, chronology

The Biography of Dr. Mohammad Mossadegh, jebhemelli.org

*Killing Hope - U.S. Military and CIA Interventions Since
World War II*, William Blum, 1995

*MI6 - Inside the Covert World of Her Majesty's Secret
Intelligence Service*, Stephen Dorril, 2000

Descent to Suez - Foreign Office Diaries 1951-1956, Sir
Evelyn Shuckburgh, 1986.

Conspirators' Hierarchy: The Committee of 300, Dr. John
Coleman, 1992.

What Really Happened In Iran, Dr. John Coleman, 1984,
special report, World In Review publications.
The real Iranian hostage story from the files of Fara Monsoor,
Harry V. Martin, 1995

The Outlaw Bank: A Wild Ride Into the Secret Heart of

BCCI, Jonathan Beaty and S.C. Gwynne, 1993.

The Nefarious Activities of Pak I.S.I., website.
Breaking the Bank, Wall Street Journal Europe, 8-03-01.

British India, ucla.edu.

Killing Hope, William Blum, 1995.

Afghanistan- The Bear Trap, the Defeat of a Superpower, Mohammad Yousaf and Major Mark Adkin, 1992

Bin Laden - The Man Who Declared War On America, Yossef Bodansky, 1999

Holy War, Wilhelm Dietl, 1983.

Hostage To Khomeini, Robert Dreyfuss, 1980.

What the Malthusians Say, from The American Almanac, 1994.

Where On Earth Are We Going? Maurice Strong, 2000.

Bin Laden: Behind the Mask of the Terrorist, Adam Robinson, 2001.

Au nom d'Oussama Ben Laden..., Roland Jacquard, 2001.

Islam in Central Asia: Afghanistan and Pakistan, Ahmed Rashid, (article PDF en ligne).

Ben Laden : La vérité interdite, Jean-Charles Brisard and Guillaume Dasquie, 2001.

Peter Goodgame, automne 2002.

www.redmoonrising.com